新学習指導要領対応

図画工作でつく学力はこれだ！
－ひと目でわかる指導と実践のポイント－

藤澤英昭／柴田和豊／佐々木達行／北川智久　共編著

開隆堂

目　次

理論編■大学からのアプローチ
- 図画工作が育む学力　　千葉大学名誉教授　藤澤英昭……………3
- 図画工作科と学力　　東京学芸大学教授　柴田和豊……………9
- 「造形を通した教育」は、子どもたちに何を教え、育てるのか！
　　　　千葉大学教授　佐々木達行……………13

研究編■附属小学校の研究実践
- カッターナイフタワー　　筑波大学附属小学校教諭　北川智久……………17
- どこへでも行けるドア　　福島大学附属小学校教諭　小田美千代……………21

実践編■公立小学校の題材実践
- ざいりょうのへんしん　〜ハンドパワー！〜（2年生）……………25
- アランをさがそう！　〜グレイソンさんになって作ってみよう！〜（2年生）……………29
- 主やくは　だあれ？（3年生）……………33
- 何だ！？　入れ物なんだ！（4年生）……………37
- スクラッチでえがこう（4年生）……………41
- 「波間に見えるものは？　〜北斎の世界から感じ取ろう〜」（5年生）……………45
- 糸のこでモダンな家具職人
　〜不思議な形の板を構成し、生活に役立ち、見ても楽しいキーハンガーをつくろう〜（5年生）…49
- キモチイロイロ！マイ・アートカードコレクション！
　〜マイ・アートカードでいろいろな見方・感じ方を深めよう〜（6年生）……………53
- 田上っ子サインプロジェクト　〜伝え合おう、形や色に思いをこめて〜（6年生）………58

「ふわふわさんのドアかざり」（3年生）

図画工作が育む学力

千葉大学名誉教授　藤澤　英昭

1. 学力の考え方

　図画工作の教育は特別な才能を持った子どもの教育でもないし、余技的な活動でもありません。日々の実践の前に、あるいはちょっと立ち止まって、人間形成にとても重要な造形活動の本当の力を再認識して、造形教育の意味を考え直してほしいと思っています。

　平成20年の学習指導要領の改訂ではOECD のPISAの国際的な学力観が話題になりました。とりわけ話題になったのは次代を担う子どもたちに要求される主要能力「キー・コンピテンシー（Key Competency）」という言葉です。

　「キー・コンピテンシー」についてはPISAの調査では「単なる知識や技能だけでなく、態度を含む様々な心理的・社会的なリソース（蓄えられた資源）を活用して、特定の文脈の複雑な課題に対応できる力」と定義し、かなり実践における知識や行動場面の力などを問題にしています。

　通常せまい意味での学力は、知識の量を比較したり、計算や漢字の書き取りのように正確に素早くそれらを運用する能力を指していることが多いのです。これらは受験や閉じられた学力といえます。しかしPISAを待つまでもなく、すでに我が国の教育界は、人がこの複雑で激しく変化していく社会を生き抜いていくためにはどのような能力が求められるのかと熱い議論を重ねてきました。

　近年の「生きる力」というのは培われるべき資質・能力の総称で、単なる知識・理解を超えて「表現力」、「判断力」、「思考力」など、どちらかといえば共通尺度で測りにくいがゆえに敬遠気味であった諸能力を学力に含めて考えた結果です。まさにPISAの学力観と同じものを追っていたのです。

　このように学力自体の概念が変貌し、広がりを見せている今、誕生した新しい学力観では図画工作のような問題解決的な学習活動に大きな期待がかかっています。

2. 造形教育の学力を限定して考える危険

　確かにこれまでの造形教育には反省すべき点があります。文化としての造形芸術があるから教科があり、無反省にそのまま子どもに教える価値があると考える傾向がなかった

ようこそ、キラキラのせかいへ。

大学からのアプローチ

「とりにのってピクニック」

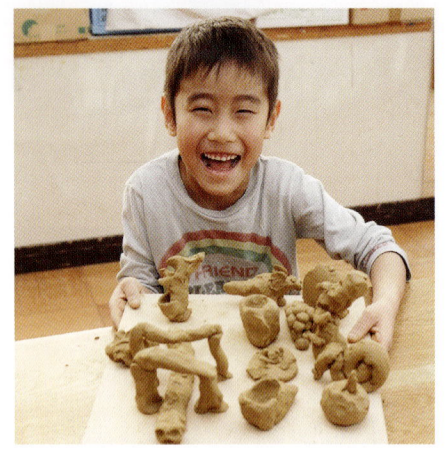
みてみて、いっぱいつくったよ。

でしょうか。

　もうひとつのネガティブな考え方があります。知的教科の必要性は当然ですが、そればかりでは偏った人間を育成することになってしまう。どうしても情操教育が必要というのが造形教育を正当化する論理の骨格でありました。

　どちらにしても造形活動は生きていく上でそれほど切実でない、どちらかといえば周辺的な活動と考えられてきたのです。

　一方で現在の教育に問われていることはそのような寄せ集めの薄い衣のような文化を子どもにまとわせることではなくて、21世紀をたくましく生きていく人間を育成するという根源的な命題なのです。国民皆修の造形的な表現、鑑賞の活動が教育の場でどのような意味を持つのかを真摯に問い直すべき時です。

　ただ教師の実感としては、造形活動はそのような副次的なものではなく、何かしら生きることに直接つながる活気に満ちた活動であると気づいているのではないでしょうか。アンケートの結果大多数の児童は造形教育を好きな教科にあげて、圧倒的に支持しています。造形活動の中で彼らは本当の生の充実感を得ているのかもしれません。

3.「生きる力」と図画工作科

　現場の先生たちは図画工作の授業場面で子ども自身が全身で関わり、真剣に試行錯誤をし、自分を懸命に創っている様子を見ているはずです。何かしら重要な、教育行為全体を見通さないと見えてこないものを実感しているはずです。

　人が様々な事象と出会い、自分なりに解釈して、自分の体験の中で一般化していくことこそをデューイは教育の本質的な営みと考えました。造形教育ではこのような視点が大切です。

　ただの土くれである粘土に意味を与え、白紙に世界を創り出す行為は人間の総合的な行為です。何もしなければ土くれや白紙のままです。しかし子どもは果敢に挑んでいきます。彼らは外界と自分との交流を通して自分の世界解釈とともに自分がどこにいるかを探っています。咲き誇る花に出会い、夕陽を前にして呆然と立ち尽くし、素晴らしい友人に出会います。それらの感動を粘土や白い紙に創りあげていくのです。

　子どもは様々な試行錯誤を繰り返します。この中では自

分の最初のイメージが材料や用具の抵抗にあって、それを乗り越えようとする更なる試行錯誤が展開されたり、偶然的な形や色との出会いの中でイメージそのものが変更されたり、より具体的になったり、高められたりするのです。さらに友人の制作風景や作品に出会って共有的な美意識を育てていくのです。逆に言えば表現することがそのまま丸ごとの「生きる力」という根源的な力になっています。

　この一連のすさまじい交流の中では、それまでの体験で蓄積されたリアリティーのある「知」を総合的に用いて、何とかして困難を乗り越えようとする「生きる力」の具体的な姿が見えてきます。表現することは結局のところその子どものすべてが丸ごと参加し、作品などに投影されているということがいえます。

　それらの自然や友人の作品などとの交流のベースとして感性的な応答があります。そこにある花が赤いとか品種が何かであるという「知識」的なことと、そこにある花がきれいだと感じることには大きな差があります。

　赤い花というのは、花の属性を共通的な指標で分類しようとしているのですが、花が美しいというのは花と私の間につくり上げた世界のことです。新学習指導要領で新しく加えられた「感性を働かせて」という文言は、感性によるより洗練された判断に連なっていくこの感性的な判断の流れのことをいっているのです。

　よく考えてみると、人の行動のすべてはそのつど出会った断片的な記憶から世界のイメージを形成しているといえます。好き、すてきなどの感性的応答の上に科学も宗教も乗っています。例外なく多くの科学者は幼少期に自然現象の不思議や動植物の生態に豊かな感性的な応答をしているといわれています。

　もう少し大胆にいえばそれぞれの豊かな感性的な応答の結果として、それぞれがそれぞれの世界像を結んでいるといえます。その世界が貧しいか豊かかというのは大問題です。

4. つくることでつくられる

　造形活動には「つくり」、「つくられる」という大切な関係があります。

　学習指導要領の「つくりだす喜び」という文言が「作り出す」ではないことを再考して、もっと噛みしめることにしましょう。

　「つくりだす」という言葉は特別な意味で用いられてい

「つらいところにもさく花」

「音楽鑑賞中」

大学からのアプローチ

「七色にかがやく花」

ふわふわさんのかざりだよ。

ます。作るという言葉からは何か工作物を製作するというイメージがありますが、あえてひらがなで示したのはもっと深い願いが込められています。ものづくりとか製作という言葉は、どちらかといえば作られたものの方に注意が向いています。当然ながら、作り方やものづくりは、効率性の意識の中で、試行錯誤を保証するのではなく、直線的に時間を加速して進めるような傾向が見られます。

　材料とのやり取りや、絵に表す活動などにおいても子どもは一つことを成し遂げた後では変わっています。変わり続けていくように思われます。成長していくこと自体を楽しんでいます。絵に表す活動、立体に表す活動も彼らが資質・能力を十分に開発していく道程にすぎません。そしてこの喜びにあふれた活動の結果として、その子なりの等身大の資質・能力が獲得されるといえます。

　何かをつくるということは自分で意味を新たにつくり続けていくことだといえます。

　このプロセスで子どもの造形秩序感も育っていきます。血肉化された技能も獲得されていきます。友人の製作場面からも多くのことを学んでいきます。

　「つくる」ことで「つくられて」いるのです。その劇的な出来事は「アッ、いいこと考えた！」、「どうしてこうなっちゃうんだろ」というような会話や、つぶやきの中にちりばめられています。

　子どもたちはそのつど真剣に悩み、自らの造形的感性に正直に様々な材料と対峙して、それを解決して、乗り越えていきます。

　「アッ、いいこと考えた！」というとき彼らは新しい自分へとステップアップしています。新しい自分がつくられているのです。

5. 新学習指導要領でとくに気をつけたい学力観

　新しい学習指導要領とその解説書が公にされましたが、実際の指導場面では、どのような指導観の変更になるのかが分かりづらい面があります。新しい教科書とともに先生方の意識も変わって、指導の実際に浸透しなくては意味がありません。さらに長い時間を経て、子どもに形成されていく資質・能力が、現在そして将来にわたって実を結んで初めて意味をもつものです。

　改訂の方向としてはその前段として、我が国の児童・生徒は獲得した知識・技能は一定の水準にあるが、それら獲

得された力が実際の社会や生活、新しい課題に向って働く思考力・判断力・表現力に幾分つながってこない面があるのではないかという認識がありました。
そして全体の骨格は
・改正教育基本法等を踏まえた学習指導要領改訂
・「生きる力」という理念の共有
・基礎的・基本的な知識・技能の習得
・思考力・判断力・表現力等の育成
・確かな学力を確立するために必要な授業時数の確保
・学習意欲の向上や学習習慣の確立
・豊かな心や健やかな体の育成のための指導の充実
という指針が柱として確認されました。

　図画工作科改訂の要点は、教科の目標に●「感性を働かせながら」を加える。内容の表記に対しては●「〜の活動を通して〜を指導する」と統一、また図画工作、美術さらにはその後に続くこの教科が担う根幹的な資質・能力を●〔共通事項〕として示してあります。

　大まかにいえば、造形活動を通して感性的な応答の大切な意味とその深まりを期待し、造形活動はそれ自体で閉じられたものではなく、人間教育に深く関わっていくということが確認されているのです。

　つまり図画工作科の目標は高邁な理想に貫かれており、各児童が学びとったものが単に個別ジャンルの作品制作技法を理解したり、その技能の獲得だけであってはならず、生涯を通して働く資質・能力であると規定しています。

　「自分の感覚や活動を通して」、「自分のイメージを持つこと」という共通事項の文章には「自分の」が繰り返して使われています。自分の豊かな造形活動の延長上にある中学校美術では他者、あるいは文化の中の美術をとらえていこうという壮大な図式が見えてきます。

光にかざすときれい。

6. 学力と教材

　造形教育では学習内容が分節化されるものではなく、総合的に働く中で一体的なものの諸相が相互に関連づけられて働くものといえます。分節化してしまうと表現への裏づけのない技法をただただ覚えるということになってしまう。したがって教材はトータルに参加でき、そのすべてにわたって意志決定過程が含まれるプロジェクトとしての「題材」という形で提示されるのです。

　従来の図画工作科の題材は４つ切画用紙を用いた絵画な

「木に登るにわとり」

大学からのアプローチ

「ジェットサーブでテニスのチャンピオン」

リズムにのってつくるよ。

ど特定の表現形式を限定し、水彩絵の具のぼかしの技法を指定し、「運動会の絵」というように表現の題名を決定する過程を想定していたのです。児童はかなり窮屈な設定の中で「課業」という意識で教師の顔色をうかがいながら授業を受けていました。教師は課題としての約束を守ったかとか、よく技法を理解しているかとか、「よい絵」が描けたかとかを評価していたのではないでしょうか。

これからの図画工作科では一人一人の自由な感じ方が尊重され、それぞれの表現意図に合わせて材料や技法を選択し、そこから得られる身体化された技能を駆使して表現活動に挑み続けることが求められています。

このように考えてくると、題材は必ずしも文化財を児童に理解しやすいように調理したものではありません。活動そのものの中に教育的なねらいがあるとすれば、子どもの活動を活性化させるような題材こそが良い題材といえるのです。

これから教師は安易な題材設定をして、強引に、もしくは「上手に」教えることに労を割くのではなく、題材の設定にこそ時間をかけるべきです。以下のような視点はどうしても欠くことができないように思われます。

① その題材は児童にとって意欲的に取り組める楽しさを提供しているか。
② その題材はどの児童も取り組める幅の広さを持っているか。
③ その題材は表現制作の過程で、十分な試行錯誤を許すような柔軟性に富んでいるか。
④ その題材は児童が取り組んだときに、自らを高めていく奥行きの深さを持っているか。
⑤ その題材が惹起する活動によって獲得された「力」は生涯にわたってその人の生き方に働きかけるものであるか。

教師は一元的価値に向けて、子どもができる限り「つまずかないように」活動を狭めたり、均質な成果を求めて、出来合いのセット教材などを用意してきました。しかしこれは反面で子どもが試行錯誤しつつ、成長していくダイナミズムを奪い、自ら知識や技能を戦い取る喜びを奪ってしまう危険を内在させていたのではないでしょうか。入念に準備されたベテラン教師の指導が、整然と展開される授業風景とは裏腹に、どこか形式的なものに感じられることが時々あるのはこうした落とし穴なのかもしれません。

図画工作科と学力

東京学芸大学教授　柴田 和豊

1. はじめに

　学校教育にはいろいろな教科がある。数や言葉、社会事象や自然現象、身体活動などに関わる活動が教科として組織され、それらを全体的に学習することを通して、多面的な能力を具えた優れた人間を育てようとしている。各教科は全体を構成する大切な要素であり、それぞれ独自の内容・特性をもっている。

　しかし、各教科については、私たちの間には固定観念のようなものが見受けられる。家庭科は裁縫と調理の教科、計算するのが算数というように、単純化する傾向を感じている。図画工作科も、色や形などの造形性に集中する活動として想い描かれるのだろう。ひっくり返していうと、造形的な要素を超えて考えられることは多くはないように思うのである。

　そのような概念的な見方が、図画工作科が関わりうる学力に対して、少なからぬ影響を与えることは否定できない。図画工作を小さくとらえれば学力も小さくならざるを得ないし、大きく考えればそれに比例して大きくなるといってよい。

2. 造形活動の多面性

　図画工作における活動は多面的・多層的なものだろう。造形的な表現活動に不可欠なものとしてまず浮かぶのは、絵の具や鉛筆、紙や木などの材料である。紙切れ上の落描きから壮大な建築に至るまで、造形的な表現はモノに依存して行われる。しかしまた、「発想」「構想」という言葉があるように、モノはイメージによって導かれ、新たな形を与えられていく。そして、構想に関しても「画面に2つの円と3つの正方形を組み合わせる」というような造形レベルのものもあれば、「夢の国を考える」「世界のひとたちへのメッセージ」というように、造形を超えて広がることもある。このように、図画工作には異質な要素が入り交じり、並存している。

　私は、図画工作科の意義と実践の在りようを「感覚・感情・意識」という柱を立てて考えるようにしている。いいかえると、生理的・身体的反応のレベルから始め、自分の気持ちを表すこと、社会や時代のことについて考えるという展開で、表現活動の多面的な性格を追いかけている。い

「石だたみのあるわたしの町」

「地球に平和の花をさかせる木」

大学からのアプローチ

しぜんとなかよし。

流れる風をつかまえて。

「土」ってきもちがいい。

ずれが高次ということではなく、表現活動は理屈を超えた「好きか・そうでないか」「心地よいか・よくないか」という反応から始まり、それに様々な主観的な願望が結びつき、やがてさらに個的な願望相互の関係への関心が芽生える。そしてそれらは還流すると考えている。このような広がりをもって造形活動を辿れば、図画工作が育むべき学力についての展望も開けるのではと思うが、どうだろう。以下に三つの局面について具体的に述べていこう。

3. 感覚に関わる活動

芸術表現は人間の精神の深部から生まれるという大方の見方の前に、感覚的な世界は軽く見られることが多かったように思われる。だが、最近の図画工作科では、感覚に関わる活動の重要性がクローズアップされている。身近な例は、モノや場所との関わりを通して作品を生み出したり・自分を開いていこうとする「造形遊び」や、どの学年でも取り上げられる「粘土」を使った活動である。

造形遊びにもいろいろな性格のものがある。まず思い浮かぶものとして、校庭の落ち葉を気に入った形に並べてみることを楽しむものや、校舎の階段の下のスペースに手作りの紙テープを張り巡らして不思議な空間を作り出したりするものがある。しかし、より注目したいのは風や光などの自然現象を深く「実感する」ことをテーマとするものである。それは作品を生み出すということの前に、生み出す主体（＝子どもたち）の感受する力に注目している。よりリアルに風と触れ合うためや、普通では見過ごす光の微妙な輝きに気づくためのプログラムは、何よりも「感じること」とそのための「身体の器官」にアプローチしようとするものである。

それよりももっと素朴な形で感じることに焦点をあてているものが「触る」ということを軸にするものである。例えば、校庭の土で山を作ったり、それにトンネルを掘ったりする活動を想起してほしい。そこでは「とがっている」「なだらかな」というような山やトンネルの形や仕組みへの興味と並行して、体が土に触れる感触が自ずと浮かび上がってくる。「ザラザラ・しっとり・さくさく」などの感触は表現する主体（子どもたち）の身体の在りようをブラッシュアップするものといってよい。

そして次に、そのような触覚的体験を教室の中で誰もが体験できるようにした活動例である「紙粘土作り」とそれによる製作活動を挙げたい。ロールペーパーと糊をまぜて手で揉んで「紙粘土」を作るのだが、ここでも作業はネチ

ャネチャ、ベタベタといった感じを体感しながら進んでいく。私は、この課題を大学生にも最初の大切な経験として設定している。造形活動の一つの原点が生理的な感覚にあることに気づいてもらいたいためである。皮膚面で発生する感触は体内へと伝わる。それはヒトが宿す原始の力のようなものを引き出さずにはおかないと思っている。そしてまた、紙粘土から作り出される作品の愛らしさにひかれているからでもある。

このように見てくると、図画工作科における学力の問題は他教科とはかなり違ってくることが分かる。学習によって子どもたちに知識や技術を与えるという方向ではなく、本来子どもたちが宿している潜在的な力を呼び覚ますという視点の方が大きくなる局面があることを理解しておかねばならないのである。

4. 気持ちを表す・伝える

造形活動によって子どもたちが自分の気持ちを表現することを支えていくというのが、多くの人が抱く図画工作へのイメージだろう。

事実、第二次大戦後に再出発する美術教育は、子どもの心理を理解するという面を中心に歩み始めたといってよい。羽仁進監督の『絵を描くこどもたち』や開高健の『裸の王様』（芥川賞受賞作）はその流れを明示するものであり、ともに描画活動を子どもたちの心理的・感情的世界を理解するための方法として描いている。

人間の気持ち・感情の表現に関わる活動には巨視的に見て二つの柱がある。一つは極めて主観的なものである。ほとんど造形遊びのように、点を打つことや、画用紙の上に水で溶いた絵の具を流すことが心地よく楽しいというように、行っている者にとってそのこと自体（行為）が楽しいというものがそれである。もう一つは、人へのやさしい思いや「こうなるとよい」というような願いを表すものであり、見る人もまた描かれた気持ちを共有できるものである。

前者の例としては、人や花や風景を描いていても、題材以上に描くという行動の方に気持ちが集中しているものをあげることができる。対象への思いを語る前に「筆がどんどん動いた、気持ちよかった」という声が聞こえてくる作品も少なくない。

後者については、「すきなこと」「大切なもの」「やってみたいこと」などの視点で、全学年を通して表現が展開されていると思う。誰しも表さずにはおられないこと、伝えたいことを持っている。それらを表すことによって、心理

大学からのアプローチ

紙粘土をつくる。

「フルーツバスケット」

「花の夢」

大学からのアプローチ

「さくらのすべりだい」

「クジラの親子からのメッセージ」

的な平衡状態を保つことができるし、他の人たちとの間に交流を生み出すこともできる。古来より芸術の主たる働きとして語られてきた「カタルシス」は、そのような人間の内的感情を露にしてバランスを取り戻す力を指しているのである。

このような事柄に関して望まれる学力を客観的に記すとすれば、
「自分の思いや願いを表すための技術や知識を身につける」ということになるだろう。しかし私はその前提として、主観の世界に向かい合うことの大切さへの認識が欠落しているなら、その学習はひからびたものになってしまうと危惧している。

5. 自分の外への眼差し

自分の気持ちを表すことを欠いては、子どもたちのよき成長を望むことはできない。だが子どもたちの視線は、自分を越えて、自分を取り巻く人々の輪、より大きくは社会や世界へと伸びていかねばならない。社会の中で主体的に生きていくための力を身につけるという課題は、各教科に等しく課せられているといってよい。

かつては、美術教育の社会的な展開といえば、地域の暮らしを見つめ、誠実な人間の生き方を描きとめた「生活画」が代表格であった。しかし最近の特徴は、世相を反映してより広範に環境やコミュニケーションなどの意識が投影されるようになっていることであり、それに加えて、楽しく子どもたちの視線を広げようとする姿勢も目立つようになっていることである。

そのような推移を踏まえて考えると、「夢の町」というような題材で、夢を追うことから現状への批評の目を育むという方法もあると思う。夢は単なる絵空事ではなく、現実を変えるという要素をどこかに抱えているものだろう。現実と夢（イデア）の間の往復から世界のあるべき姿の一端が見えてくる。夢を追うことはファンタスティックであるとともに、リアリスティックな行いでもあるのだ。

このような推論に従えば、図画工作科で社会や時代のことについて考えることはけっして不自然ではない。重要なことは造形活動の特性を生かした進め方を考えねばならないということであり、学力論議をめぐっては、「何に向けた造形学習か」という視点を欠いては話は進まないということである。

「ゆめのまち　さんちょうめ」

「造形を通した教育」は、子どもたちに何を教え、育てるのか！

千葉大学教授　佐々木達行

1. 成熟した社会を担う子どもたちに必要な義務教育のあり方

　高度成長を達成し、ある程度、物質的に豊かになった日本にはどの様な義務教育の理念が必要であろうか。

　21世紀の成熟した社会は、各自が経済的、精神的、人間的に自立した存在でなければならない。人と人を比較して見るのではなく、人それぞれの尊厳が保障され、相互に認め合える社会である。それは物質的な豊かさから精神的な豊かさへの質的な転換を意味する。

　その成熟した社会を築くための義務教育は、今日まで高度成長を支えてきた知識や技術だけを教える教育から、精神的、人間的に自立を促す教育へと転換していくことでもある。

　義務教育としての造形教育では、「造形の教育」から「造形を通した教育」への転換である。

2.「造形の教育」と「造形を通した教育」の概念比較

　本来、これらのふたつの教育概念の違いは、線を引いて比較できるようなものではないが、一般論として分かりやすく比較すると、およそ以下のようになると考える。

①「造形の教育」の概念要素
- 絵の描き方やものの作り方など、造形的な知識や技術を中心的な課題として教える教育。
- 社会的、文化的価値を教え、伝える教育。
- 経済的な自立を促す教育。
- 知識や技術など、ものごとの正否をとらえることができる絶対的価値、絶対的教育観を背景にした教育。

②「造形を通した教育」の概念要素
- 造形表現活動を通して造形的なものの見方や考え方、造形感覚や感性を培う教育。
- 生きることの意味や価値を考え、培う教育。
- 精神的、人間的な自立を促す教育。
- 興味や関心、関わり方や考え方、造形感覚や感性といった正否をとらえることができないような相対的価値、相対的な教育観を背景にした教育。
- 「造形を通した教育」は、情報としての知識や技術といった「造形の教育」の内容を包含したひとまわ

「運命のつなわたり」

大学からのアプローチ

ひみつのねん土王国だよ。

行ってみたい世界ツアー。

り大きな教育概念であり、それらを除外するものではない。

3.「造形を通した教育」として、教え、育てたい子ども像

それでは、造形を通して子どもたちにどの様な力を教え、育てることを課題として授業を行おうとするのか。その教え、育てたい子ども像を次のような幾つかの視点から掲げてみた。

第一の視点は、造形の自己表現の意味や心のあり方であり、造形表現とコミュニケーションの関係から自分理解、相互理解などに及ぶ、この教育の本質的な内容を含んでいることがらである。

- ○ 造形的に表現することの快さや楽しさを知り、心を開いて自己表現することができる。
- ○ 造形的に表現することに興味や関心を持ち、意欲的、積極的に活動することができる。
- ○ 造形表現における、自分や友達の造形的な好みや特性、その違いやよさに気づき、お互いに理解しようとする。

第二の視点は、第一の視点を展開させる、活動に対する主体としての「自分らしさ(Identity)」と、ものごとを関係的、総合的にとらえる追究力や表現力、総合力等に関する内容である。

- ○ 自分らしさを、或いは造形的な課題を自主的、主体的、創造的に追究、発見したり、自己表現したりできる。
- ○ 場や状況、造形的な課題を関係的、総合的にとらえて、思考、判断したりするなど、造形表現活動をするうえでの総合的な力を持っている。

第三の視点は、造形的な思考力や判断力を支える造形感覚や感性をそなえていることである。ここでは単なる知識や技能に止まらず、造形的なものの本質的な見方や考え方まで踏み込んで、それらを一般的なものごとに活用する力をそなえていることまで含めた内容である。

- ○ 造形的なものの見方や考え方を知り、豊かな造形感覚や感性を持っている。
- ○ 造形的な知識や技能を持ち、造形文化や歴史に興味や関心を持っている。

これらの教え、育てたい子ども像は、造形を通した人間

教育としての図画工作科、美術科の教育課題や具体的な活動課題、授業課題の原型であり、核となるものでる。

4. 3つの課題要素のカテゴリー別分類と、教え、育てたい6つの「活動課題」

前述した「育てたい子ども像」を実現するために、造形表現活動を通して子どもたちに何を教え、育て、培い、どのような力（能力）をつけていけばいいのか。

それらを具体的な授業内容や方法を通して達成するために、図画工作科、美術科としての基礎的、基本的な課題要素を、育てたい子ども像の視点と内容を基に、大きくA、B、Cの3つのカテゴリーに分類した。

A、B、Cのカテゴリーには、(1)〜(6)の「活動課題」をそれぞれふたつずつに整理して示した。

A「他との関係の中に『自分らしさ(Identity)』を求め、人間的な自立を促す」こと

このカテゴリーは、造形表現とコミュニケーション、造形の自己表現と心のあり方、或いは自分理解、相互理解などを課題としている。

(1) 造形表現活動の快さや楽しさを経験し、心を開く。
(2) 造形表現活動を通して相互理解、人間理解を図る。

B「自主的、主体的、創造的に表現する」こと

このカテゴリーは、活動に対する主体としての「自分らしさ(Identity)」と、ものごとを主体的にとらえ、関係的、総合的な思考力や判断力、追究力や表現力、総合力等を養うことに関する課題である。

(3) 「自分らしさ」を、或いは造形的な課題を自主的、主体的、創造的に追究、発見したり、自己表現したりする力を培う。
(4) 総合的な造形表現活動を経験し、造形的な総合力を養う。

みんなでどんどんむすんでつないで。

C「造形的なものの見方や考え方、造形感覚や感性を培う」こと

このカテゴリーは、造形的な思考力や判断力等を支える造形感覚を養い、感性を培おうとするもので、造形の知識や技能を教える教育では、この部分だけが特化されていたところである。しかし、ここでは単なる知識や技能に止まらず、造形的なものの本質的な見方や考え方まで踏み込んで、それらを一般的なものごとに活用する力を養うことを

自然の中で感じたことを…。

課題としている。

 (5) 造形的なものの見方や考え方、造形感覚を養い、感性を培う。
 (6) 造形的な知識や技能を養い、造形文化や歴史に興味や関心を持つ。

 これら(1)～(6)の、6つの「活動課題」は、相対的な価値の教育観に立ち、子どもたちに精神的な自立を促す「造形を通した教育」の基礎的、基本的な課題として骨格(Concept)となるものであり、知識や技能教育の基礎的、基本的な課題とは別に、人として生きることの意味や価値を多角的な視点からとらえて掲げたものである。

 それぞれの「活動課題」は、相互に関係性がある課題であり、最終的には明確に線引きできるようなものではない。また、(1)～(6)の番号をつけてはあるが、その順を追って順序的、階段的に積み重なって養われ、培われたりするものでもなく、いずれかの「活動課題」に優位性があるということでもない。

 (1)～(6)の6つの「活動課題」は、授業を構成するとき、それぞれが具体的な「授業課題や目標」を掲げるための根拠とする基本的な課題である。「授業課題や目標」は授業における表現内容を勘案し、その授業として教え、育てたい具体的な課題や目標として設定することになる。

5.「造形を通した教育」を総括する「教育課題」

 これまで述べてきた各課題のカテゴリーを「造形を通した教育」の「教育課題」として、大きくまとめて示すと次のようになる。

 「造形表現活動を通し、子どもたちに自主的、主体的、創造的に表現すること、造形的なものの見方や考え方、造形感覚や感性を培いながら、生きることの意味や価値を問い、他との関係の中に『自分らしさ(Identity)』を求め、人間的な自立を促す。」

アニメーションで伝えよう。

学年	2
時間配当	4

カッターナイフタワー

■ 題材の概要

　初めてカッターナイフを使う子どもたちにぴったりの工作の活動である。

　カッターナイフで色画用紙を切り抜いたり、色画用紙を切り起こしたりする活動を楽しむ。これだけでも十分楽しい活動だが、もう一枚、もう一枚と複数枚の色画用紙を切っていくことで更に工夫が広がる活動になる。切り抜き方や切り起こし方を工夫したり、切った色画用紙の形や色を組み合わせて楽しんだりすることができるからである。

　基本的には個人の製作である。だが、途中段階で友だちが製作中のものと自分が製作中のものを組み合わせて鑑賞してみる活動を行う。そうすることで、形や色を組み合わせるおもしろさに気づいたり、自分とは違う友だちのよさに気づいたりすることができ、その後の活動の見通しを持つことができる。

■ 題材のねらいと育成する学力

　本題材は、カッターナイフで紙を切る技能の習得を大きなねらいとしている。だが、手本どおりに製作するような活動ではない。好きな色の画用紙を選んだり、カッターナイフで色画用紙を切ってつくった形のよさをとらえたりしながら活動を進める中で、感性を働かせ、楽しさを味わい、同時に創造的な技能を身につけるようにすることをねらいとしている。

■ 学習指導要領との関連

　この活動は、第1学年及び第2学年の内容のA表現(2)イ「好きな色を選んだり、いろいろな形をつくって楽しんだりしながら表すこと。」とA表現(2)ウ「身近な材料や扱いやすい用具を手を働かせて使うとともに、表し方を考えて表すこと。」に関連が深い。簡単な小刀類として紹介されているカッターナイフを用具として扱う。そして、手などの感覚を十分に働かせて用具と自分が一体となって表現する感覚を養う活動である。また、「切った形からイメージをふくらませる」「形や色の組み合わせを工夫して楽しむ」という本活動の特徴は、〔共通事項〕の「ア　自分の感覚や活動を通して、形や色などをとらえること。」「イ　形や色などを基に、自分のイメージをもつこと。」のどちらにも直結している。

■ 学習の目標

カッターナイフで紙を切る楽しさに興味を持ち、様々に試しながら表そうとする。	カッターで紙を切る行為や切った形からイメージを広げ、自分なりのテーマを思いつく。
関 創	発 鑑
カッターナイフの扱いに慣れ、紙の切り抜き方や切り起こし方を工夫したり、色画用紙の組み合わせ方を工夫したりする。	切り抜いた画用紙の形や色のよさ、および複数の画用紙の形や色の組み合わせのよさを感じ取る。

●材料・用具
《教師》画用紙・色画用紙数色（いずれも八つ切り）、両面色違い中厚紙、帯状に切った色画用紙（幅1cm程度）、折ったカッターナイフの刃を入れる容器
《児童》はさみ、カッターナイフ、カラーペン、のり、接着剤（化学接着剤または木工用ボンド）
●場の設定
　本題材では色画用紙をおよそ半分に切って使う。残りの色画用紙を交換できるコーナーを用意しておく。また、机を向き合わせてグループにして、友だちと相互に見合ったり材料を交換したりしやすくしておく。

●安全・諸注意など
　カッターナイフの扱いについては指導案を参照。カッターナイフを学校で管理するか児童持ちにするかは担任個人で判断せずに共通確認しておく。
●題材との出会わせ方
　簡単なものでよいので、カッターナイフで紙を切りぬいたり切り起こしたりした参考作品を見せ、関心を持たせる。カッターナイフの安全な扱い方と上手な切り方のポイント（次ページ参照）を実際にやって見せることで、正しい知識を持たせると共に意欲を高める。

附属小学校の研究実践

時間配分と学習計画	教師の指導内容《○指導と■評価》	投げかけの言葉や行動の具体例	子どもの活動《行動と思い》
カッターナイフの安全な使い方を知る・切り起こしを楽しむ（30分）	○教師の手元が見える位置に児童を集め、カッターナイフの正しい使い方を安全面を重視して教える。 ・刃は折り目1〜2つ分出す。 ・カッターマットの上で切る。 ・鉛筆持ちで、手前にねかせて持つ。 ・反対の手で紙をしっかり押さえる。 ・切る向きに応じて紙を回して切る。 ○16切り画用紙で、切り抜きや切り起こしの練習をさせる。 ■個別指導の中で、正しい持ち方や押さえ方ができているか確かめる。活動の進み具合や切り跡（切り口など）を見るとつまずいている子どもを発見しやすい。概ねできていれば次の活動の中でどんどん上手になるので、ほめながら見守っていく。	○カッターナイフで紙を切るときのポイントをキーワードで伝える。 ①ねかせて（紙との角度を30度ぐらいに保つ） ②チクッ（切り始めは少し押す） ③ひじでスーッ（ひじでリード） 「ひじに貼ったバスが動くよ。」 教師のひじにバスの絵を貼ることで、ひじでリードすることを強く意識づける。ひじを動かさないと切る時に手首が曲がり、カッターナイフが立って切りにくくなる。曲線切りではバス（ひじ）もカーブを描くように進む。 「切り方が上手になってきたら、ハート型や星型にも挑戦しよう。紙を回しながら切ろう。」	「カッターを使うのが楽しみ。」 「少し怖いけど、大丈夫かな。」 「立てると切りにくくて、ねかせるときれいに切れるんだ。」 「ひじを動かすのか。」 「あれ、切り口がガサガサだ。なんでだろう。」 ※刃の上下が違う、刃を横に動かしているなどが考えられる。 「切る向きを変えるときが難しい。」 「少し切り残して折ると、ドアみたいでおもしろい。」 「ハート型は紙を回すようにすると切りやすいね。」 「星型は、一筆書きじゃなくてハの字を書くみたいに切るといいね。」
カッターナイフタワーをつくる（次頁に続く）	○カッターナイフタワーの説明をする。八つ切り色画用紙をおよそ対角線にはさみで切り、丸めて底をそろえて押しつけると折り癖がついて立つようになる。これを開いてカッターマットの上で切り抜き・切り起こしを施す。『開いて切り込みを入れる』と『立てて確かめる』をくり返しながら進めることを実演する。 およそ対角線にフリーな線で切る 筒状に巻いて折り目をつける	「カッターナイフタワーに挑戦。まず、折り目をつけて画用紙を立たせます。広げて切って、ときどき立たせて確かめながらつくっていこう。」 この時、教師の参考作品があると活動のイメージが伝わりやすい。 「切るだけじゃなく、ときどき立たせてみよう。次にやりたいことがひらめくよ。」	「もうカッターナイフは得意になったからぜったいできる。」 「立たせてみると、かっこいい。」

附属小学校の研究実践

時間配分と学習計画	教師の指導内容《○指導と■評価》	投げかけの言葉や行動の具体例	子どもの活動《行動と思い》
（前頁より続き）カッターナイフタワーをつくる（150分）	○画用紙を選ぶコーナーと共に、対角線で半分に切った画用紙の交換コーナーも設置する。 ■「折り目をつけなくても丸めたら立った。」と気づいたAさん。大いに認めたい。  Aさんの活動 ○台紙に貼って作品としてまとめることを提案する。接着は、下の写真のように線接着（のりしろなしで切り口に接着剤をつけて貼る）だけでも丈夫に立つ。  線接着となる、紙の細い面に接着剤を塗って台につける。 ■切り方を工夫し、形や色の組合せを試して表したことを見とる。 ○鑑賞については活動の中で相互の鑑賞や自己の試行錯誤の中での取り組みを重視した。完成後の相互鑑賞については、作品に題名をつけて展示しておくことで自由な鑑賞活動を行った。	「試しに友だちのつくっているものと組み合わせて立たせてみよう。すごくかっこよくなるよ。」  「2枚目や3枚目も切り抜いて組み合わせを楽しもう。」 2枚目も青い紙でつくろう。 Bさんの活動 3枚目は縦長に巻いたらかっこよくなった。 「縦長に丸めて立てたり、細長い長方形を立てたりして組み合わせている人もいる。すごい工夫だね。」 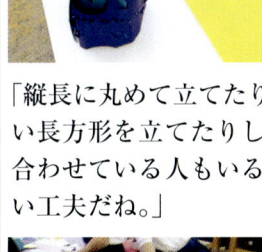 いいこと考えた。組み合せを変えよう。	「隣りの友だちと組み合わせてみたらすごくいい感じ。どんどんつくりたくなってきた。」 Cさんの活動 1枚目ができた。 Cさんは教師の提案に沿って、自分で切った色画用紙と友だちが切った色画用紙を組み合わせてみた。形や色の組み合わせから新たなイメージがわき、友だちとの活動は響き合うように深まっていった。   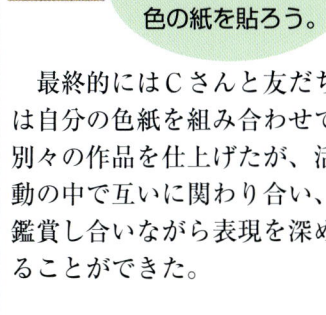友だちと組み合わせたらいい感じ。 どんどんよくなる。窓の裏から違う色の紙を貼ろう。 最終的にはCさんと友だちは自分の色紙を組み合わせて別々の作品を仕上げたが、活動の中で互いに関わり合い、鑑賞し合いながら表現を深めることができた。

附属小学校の研究実践

■ 授業を終えて

この題材は、カッターナイフを初めて使う子どもたちのために活動内容を制限して安全面を重視している。制限というのは、「①材料は画用紙（薄い紙）のみとする」、「②必ずカッターマットの上でカッターナイフを使うために、接着は後にして、紙を開いて作業できるようにしておく。」などである。

また、切った形がよく見えるようにしたいという教師の意図から「色画用紙を対角線で切った用紙での製作とする」という提案も加わっている。

子どもたちは、これらの「しばり」の中でも自分の感覚や活動を通して形や色をとらえ、自分のイメージを持ち、様々に試しながら活動をふくらませていくことができた。それは、カッターナイフという用具の魅力と、カッターナイフで切った紙の形のおもしろさ、そして友だちや自分などの複数の色画用紙を組み合わせた時の形や色のおもしろさなどから知的な刺激を受け、イメージをふくらませながら活動できたからであろう。いわば、感性を働かせながらつくりだす喜びを味わうことができたのである。

「対角線で切る」という教師の提案を、意図的、偶然的に変化させて活動をふくらませた子どもたちもいる。直角三角形を縦長に丸める、三角ではなく横長に切る、折り目をつけずに丸めて立たせる、先に切り抜いて後から丸めて立たせる…、などの発想が活動をより楽しいものにした。

色の選び方にも個性が出ている。指導過程中のBさんは、青、紺、エメラルドグリーンなどの近似色を好んで集め、Cさんは友だちと様々な色の組み合わせを楽しんだ。

このような活動を通して、どの子も用具としてのカッターナイフの扱いが上達した上に、様々な発想や気づき、自分なりの工夫を生かして活動することができた。

■ 学力考　工夫し続ける子どもを育てたい

ここまででも述べてきたように、この活動はカッターナイフという用具の扱いを学ばせるだけの学習ではない。新しく出会った用具で何ができるかということは一つのきっかけである。カッターナイフを使うから、はさみではできないことができる。カッターナイフの切れ味が心地よいから、もっと工夫したくなる。いつの間にか活動に没頭し、用具を体の一部のように感じながら造形活動を楽しむ。そのような活動の中で、自分の造形的なものの見方や考え方、感じ方というものに気づいてほしい。

自分らしさに気づくには、友だちという他者の存在が必要である。友だちの表現のよさと自分の表現のよさに違いがあることに気づくことや、友だちと意見を交換することなどを通して自分らしさというものに少しずつ気づいていくのである。今回の活動でも、座席の配置、材料の交換、作品を組み合わせての鑑賞活動など、いくつかの手立てで友だちとの関わりが生じやすいようにしてある。

自分らしさに気づかせることができたら、次に大切なのは、「自分の表現のよさをもっと伸ばそう」、「友だちの表現のよさを参考にしてみよう」、「友だちとは違う方法を試してみよう」と、常に新しい自分をめざそうという意識をもち続ける子どもに育てることである。低学年風に言うならば、「ぼく、もっとすごいことできるよ。見てて。」というように自信満々で工夫し続けるような姿を期待する。そのために教師ができることは、どの子にもあるよさを認め励ましてあげることである。画一的なものさしで子どもたちを測ることではない。

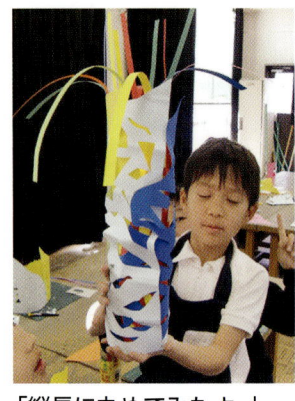
「縦長に丸めてみたよ。」

すきまなく窓を切り抜いた。

学年	4
時間配当	10

どこへでも行けるドア

■ 題材の概要
　自分が行ってみたい世界や楽しそうだと思う世界を思い描き、そこへ通じるドアと、ドアの中の世界を表す題材である。子どもの思いや材料、表し方の工夫に合わせて、多様な表現が可能である。

　初めに、段ボールを主材料としてドアの土台をつくってから、中の世界や内外の飾りをつくっていく。ドアの形や色、大きさ、飾りつけ、開閉の仕掛けなどが中の世界と合うものになるよう工夫させたい。表現方法については、段ボールに絵の具やペンで描くことも、様々な材料を貼りつけることもできるようにする。主材料となる段ボール以外の材料で飾りつけたいものについては、子ども自身に用意させるようにする。題材の終末では、ドアを校舎内外に飾り、自由に開けて見ることができるような鑑賞の時間を設けたい。

■ 題材のねらいと育成する学力
＜ねらい＞
　表したい世界に合わせて形や色を考え、材料や用具の用い方、表現方法を工夫しながら、行ってみたい世界に行けるドアを表す。

＜育成する学力＞
・自分の思いに合わせて形や色、材料や用具、表現方法等を選び、それまでに身につけた力を総合的に働かせながら工夫して表す力
・自他の思いや表現、表し方の工夫、変化した場所の様子等の造形的なよさやおもしろさを感じる力

■ 学習指導要領との関連
　本題材においては、段ボールを主材料としてドアをつくることと、ドアの中に世界を表すことのみを共通の条件とし、テーマ・素材・方法を自分で選択できるようにした。自分の表したいことに合わせて材料や用具を選び使い分けていく必要があり、それまで身につけてきた造形に関わる諸能力を発揮することになる。さらに、材料や用具の用い方を試したり特徴を生かしたりして、表し方を考えながら表現していくことにもなる。その際、子どもたちは〔共通事項〕にある「形や色、組み合せなどの感じ」を自分なりにとらえながら、自分の思いと照らし合わせて、試行錯誤していく。どのような表し方がより思いに合うかと試しながら考えていく中で、「形や色などの感じを基に、自分のイメージを持ち」よりよい表し方の工夫、よりよい表現を求めていくことができるような活動になるものと考える。

■ 学習の目標

表したい世界に合わせた形や色、大きさ、材料、表現方法等を工夫しながら、思いに合うドアを表そうとする。	ドアの形や色、大きさ、仕掛けなどを、ドアの中の世界や思い、飾りたい場所の様子等を基にして構想することができる。
思いに合わせて形や色、材料や用具、表現方法等を自分で選び、これまで身につけた力を働かせながら工夫して表すことができる。	自他の思いや表現、表し方の工夫、変化した場所の様子等の感じを自分なりにとらえ、造形的なよさやおもしろさを感じることができる。

関／発／創／鑑

●材料・用具
《教師》段ボール、段ボールカッター、カッターナイフ、ワークシート
《児童》筆記具、絵の具用具一式、ドアにつけたい飾りなど

●場の設定
　机や椅子を使用せず、広い場所で活動できるようにする。子どもの思いに合わせて必要な材料を提供できるように、可能な限り用意しておく。

●安全・諸注意
　カッターナイフや段ボールカッターなどの刃物の安全指導。掲示する際に、扉を閉めた状態で固定できる仕掛け。

●題材との出会わせ方
　海の中や地底、恐竜の世界等を表した大小様々なドアを、教室の壁や床、黒板等に設置した場と出合わせる。一つずつドアを開けながら感じたことや思いついたことを話し合い、ドアを開けてみたい、表してみたいという思いをふくらませていくようにする。

附属小学校の研究実践

時間配分と学習計画	教師の指導内容《○指導と■評価》	投げかけの言葉や行動の具体例	子どもの活動《行動と思い》
題材と出合い、構想を練る。（1時間）	○教室の黒板や壁、床等に、大小様々なドアを設置しておいた場に出合わせる。例：床…海へのドア、地底世界へのドア。黒板…恐竜世界のドア。壁…お菓子の国へのドアなど	○子どもたちの感嘆のつぶやきや、造形的な気づきのことばを拾いながら、次々とドアを見せていく。	○ドアを開けて、中を見て歩く。「床にあるドアを開けると、もぐらの巣になっているんじゃないかな。」「恐竜世界のドアだから、ジャングルみたいな植物や岩の模様が描かれているんだね。」
	○自分ならどのような世界に通じるドアをつくりたいか、思いついたことを話し合わせる。	「みんななら、どんな世界に行けるドアをつくってみたいかな。」 表したい世界とドアの形や色、表し方等の工夫についての発言を取り上げる。教師が板書で整理しながら話し合わせることで、子どもたちが活動をイメージしやすくなるようにする。	○思いついたことを話し合う。「お菓子が好きだから、お菓子の世界がいいな。」「雲の世界って気持ちよさそう。」「こんなドアも面白そう。つくってみたいな。」
	○ワークシートを用いて、表したい世界とドアについての構想を練らせる。 ■表したい世界と、ドア形や色、大きさ、飾りなどの構想を練ることができたか。	「自分の表したい世界に合わせて、ドアの形や色、大きさを決めていこう。ドアの外側の飾りや、使う材料、道具も、自分で考えよう。」 表現方法や必要な材料、用具も考えさせて、図や言葉でかかせる。子どもが自分の思いや材料を明らかにしたり、教師がそれらを見取ったりするために、できるだけ具体的にかかせるようにしたい。飾りたい場所を探してから、そこに合うドアを考えさせるのも楽しい。	「宇宙のドアだから、黒や紺の画用紙を貼って絵を描きたいな。」「ドアの開け方を工夫したいな。横にスライドするドアも面白そう。」 ※ワークシート例 「どこへでも行けるドア」表現構想 4年　組　番　名前（　　　） ドアのテーマ　～どんな世界に行けるのかな？ ドアの構想（大きさ, 形, 色, えがく世界、材料など）
段ボールを切って、土台となるドアをつくる。（1時間）	○表したい世界に合わせて、土台となる段ボールを切ってドアをつくらせる。 ■世界に合う形や大きさのドアを考えて、ドアの土台をつくることができたか。	「大きさや形を、表したい世界に合わせて工夫して考えよう。」 ○段ボールカッターやカッターナイフの扱いについては、十分な安全指導を行う。 ※あまり大きいと時間がかかりすぎてしまうので、ドアの大きさにある程度制限をかけることも考えられる。	「宇宙のドアは、縦に開くようにつくるぞ。そのための仕掛けは…」「本棚に入る大きさにしよう。」

時間配分と学習計画	教師の指導内容《○指導と■評価》	投げかけの言葉や行動の具体例	子どもの活動《行動と思い》
ドアの外側の飾りつけをつくるとともに、中の世界を表す。（7時間）	○前時に引き続き、ドアの外側をつくっていく。 ドアの外側と中の世界を表す順番については、一人ひとりのやりやすい方で構わない。行きつ戻りつしながら表していくのが自然である。	外側の色は絵の具で塗るのか、画用紙を貼るのか。飾りはどうするのか…。自分の表したい思いに合っているかどうかを常に意識させ、確かめさせながら、表し方を工夫して考えさせていく。教師は子どもの思いに寄り添いながら、ことばをかけていく（称賛、問いかけ、提案）	「友だちと一緒に、野球のドアをつくるぞ。」 「外国に行けるドアだから、楽しい色を使ってにぎやかにつくろう。」
	○ドアの中の世界を表させていく。絵で表すか、半立体にするのかといった表現方法の選択についても、構想と見比べたり思いを確かめたりしながら考えさせる。（最初の構想と変わっていて構わない。） ■表したい世界や思いに合う表現方法を選び、材料や用具を工夫して表すことができたか。	○このあたりから子どもの活動が多岐にわたってくる。一人ひとりに寄り添いながら、どのような思いで活動しているのかを見取り、称賛や提案をしていきたい。 その子どもの表したい世界や思いに合う表現になっているか、表現方法は適切か、もっとよい方法はないかなど、子どもと関わりながらその時々で必要な指導をしていく。	「飛び出す絵本のようにつくりたいな。」 「だまし絵の階段をかくぞ。縦に開くドアにして、飛び出させて…。」
出来上がったドアを校舎内外に飾り、鑑賞する。（1時間）	○ドアを校舎内外に飾らせる。ドアを閉めた状態で固定できるようになっているか確認する。（安全面の配慮と、開ける際の期待感のために）	「ドアの中の世界に合う場所や、見る人が楽しくなる場所、見つけたら嬉しくなる場所等を考えながら、飾る場所を工夫しよう。」	「わたしは図書館に飾りたいな。」
	○友だちのドアを見て感じたことや気づいたこと、考えたことを話し合わせて、思いを交流させる。 ■自分や友だちの表現や思い、表し方の工夫のよさや面白さを感じながら見ることができたか。	○鑑賞している子どもたちのところをまわりながら、造形要素に着目して見たり、造形的なよさや面白さを感じてつぶやいたりしている子どものよさを価値づけていく。 「△△さんのドアは、特にどこがいいなあと思ったの。」 「すてきなことを感じたね。」	「表す世界が似ている友だちと、一緒に飾りたい。」
	○感じたことや考えたことなどを交流した感想を話させ、本題材を振り返るとともに学習の成就感を持たせる。	○互いに共感的に聞きながら、題材に浸った余韻を残して終われるようにしたい。	

附属小学校の研究実践

■ 授業のあとで

　題材の終末に、廊下の壁や階段下、図書館の本棚、木の下等、子どもが選んだ場所にドアを飾って鑑賞活動を行った。ドアを飾ることで環境が変化することや、変化した様子のおもしろさ、ドアを開けて楽しい世界が現れた時の驚きやどきどきする感じ、自他の表現や表し方の工夫のよさをとらえられるようにした。授業時間外も展示しておき（本校では、各学級3日間ずつ展示した）他学級、他学年の子どもたちも自由に鑑賞できるように設定した。また、本校では、年に1度全児童の作品を一人1点ずつ展示する「あおい美術館」という行事を行っている。この「あおい美術館」にもドアを展示し、保護者の方にも見ていただけるような機会を設けた。

　このような取り組みは、4年生の子どもたちにとっては自分たちの表現を見てもらえることの喜びを味わうことができるとともに、造形を通した異学年交流の機会ともなった。他学年（特に3年生以下）の子どもたちからは、「4年生のつくったドアは全部違っていて楽しい」「表し方の工夫が色々あってすごい」「わたしたちもあんなドアをつくってみたい」という、表現や作者への憧れと、これからの図画工作科の学びへの期待を込めた言葉をたくさん聞くことができた。また、保護者の方々からも、「子どもたちの想像力の豊かさと工夫のすばらしさを感じた」などの感想を多くいただくことができ、子どもたちの表現のおもしろさと表現力の高まりを感じていただけたと考えている。

　今回はドアであることだけを共通として、一人ひとりのテーマ・素材・方法を自由にした。実践を通して感じたことは、あえて制限をかけてこそ発揮される力もあったのではないかということである。例えば、行ってみたい世界を水彩絵の具で描くというように描画材を限定する。それにより、絵に表すことへの工夫に焦点化することも考えられる。さらに別題材として、表した絵に合う額縁としてのドアをつくることも考えられる。また、鑑賞の場面では見て感じたことを話すという交流を重視したが、付箋紙や鑑賞カードを用いて感想を伝え合うような形に残る交流をすれば、子どもたちの充実感がさらに高まったのではないだろうか。

■ 図画工作科で育成する学力について

　造形表現活動に取り組むということは、自分の思いや環境、相手の意識等に照らし合わせて考えながら、形や色、材料や用具等の様々な表現方法を自分で選び取っていくことの繰り返しであり、連続する自己決定の繰り返しである。以下に図画工作科の活動の中で育まれる力の一例を挙げる。

- ・　発想、構想する力
- ・　よりよい表し方のために試行錯誤する力
- ・　表したいことを追究し続ける力
- ・　よさや美しさ、おもしろさを感じる力
- ・　他者に働きかけ、関わろうとする力

　図画工作科の学習の中で、子どもたちは繰り返し活動に取り組む中で、これらのような様々な力を発揮し、高めていく。図画工作科ほど、自分の思いを追究したり、多様であることが許されたりする教科は他にない。だからこそ、そこには、総合的で創造的な学びの姿がある。

　また、表現することは重要なコミュニケーション手段でもある。文字言語や音声言語ではなく、形や色、質感、それらの組み合せといった造形言語で表現することは、自分の思いや考え、価値観を明らかにしていくことでもある。さらに、表現したものを基にして、自分と友だちの表現や思い、取り組みのよさなどを交流して互いの考えを伝え合い、よさを認め合い、話し合うことで、自分の見方や感じ方、考え方、表し方を広げたり深めたりしながら、互いに理解し合っていくことができる。

　形や色に表すことや様々に発想・構想することは、あらゆる学びや生活の中に生きていく。さらには、将来の職業や社会に生かすことのできる力となっているはずである。図画工作科の学びで育まれる学力とは、全ての教科の学びやその子どもの生き方そのものがより豊かに育まれ培われていくような、そして、より豊かな人間関係を築いていくことができるような土壌となるものである。それを耕すことが、図画工作科という教科の担う役割であると信じている。

学年	2
時間配当	6

ざいりょうのへんしん
～ハンドパワー！～

■ 題材の概要

　身のまわりの様々な材料を「何に見えるかな？」と今までとちょっと違った視点で見てみると、不思議なくらい色々なものに見えてくる。自分たちの中にある経験や情報と、目の前にある材料とを関連づけることで、見立てを行うことができる。見立ての繰り返しが、情報を関連づける能力を育てる。見立てる活動は、発想や構想の柔軟性、色や形への興味など造形活動をより楽しく進めるための基礎となる。

　本題材では、まず作業用のゴム手袋を身につけてみたり、重ねたり、曲げたりなどして十分材料と親しむことを大切にしたい。さらに、向きを変えて見たり、組み合わせたり、つけ加えるなどすることで、何かに見立てることを通して、つくりたい生きもののイメージを広げていくことができると考えている。

■ 題材のねらいと育成する学力

　表す活動の中に、感じたことや思いついたことを伝え合ったり、見せ合ったりする場を設定することで、自分にはない見方・考え方に気づかせたい。このことが表現のきっかけになり、表現の幅を広げることにつながり、充実感を持ち、楽しい気持ちをふくらませながら表現できるようにしたいと考えている。

　発想する場では、色や形、手触りを確かめさせることから導入し、材料を組み合わせることで想像を広げ、表したい生きものを思いつくことができるようにしたい。

　製作の場では、形を変えたり組み合わせたりするだけでなく、表したいものがより自分のイメージに近づくように、材料の使い方などを工夫できるように、それぞれの思いに添った支援が必要である。

　鑑賞の場では、生きものに自分で考えた名前をつけると共に、工夫したことなどを伝え合うことで、見るだけではわからないそれぞれの作品の工夫、よさや楽しさに気づき、認め合うことができるようにしたいと考えている。

■ 学習指導要領との関連

　新学習指導要領の改訂の基本方針に「創造性を育む造形体験の充実を図りながら、形や色などによるコミュニケーションを通して、生活や社会と豊かに関わる態度を育み、生活を美しく豊かにする造形や美術の働きを実感させるような指導を重視する。」とあるように、低学年の児童にとってこの題材は、友だちとの関わりを基に素朴な作業用ゴム手袋が、ボランティアが使ったものであるという意味を考えながら、強くてやさしい生きものに変身させていく題材である。

■ 学習の目標

身のまわりの材料（ゴム手袋）を色々な方向から見つめ、その形や感触に関心を持ち、生かそうとする。	材料の特徴から、形、色、感じを生かして色々な形を想像している。
材料を組み合わせたり、つけ足したりなど形を変える工夫しながら、生きものをつくることができる。	できた生きものに名前をつけてお互いに見せ合い、表し方のおもしろさなどを見つけ合う。

関　発
創　鑑

● 材料・用具
　《教師》作業用ゴム手袋、輪ゴム、モール、毛糸、カラー針金、カラーペン、目玉、セロハンテープ
● 場の設定
　中がのぞけないようにしたブラックボックス（p.28参照）をつくり、側面に手を入れられるような穴を空ける。そのブラックボックスの中にゴム手袋を入れたものを用意する。
● 題材との出会わせ方
　ゴム手袋を入れたブラックボックスの中に交互に手を入れて、素材を手だけでさわり、その感触を感じてみる。その感じをことばで友だちに表現したり伝えたりする場を設定する。

公立小学校の題材実践

時間配分と学習計画	教師の指導内容《○指導と■評価》	投げかけの言葉や行動の具体例	子どもの活動《行動と思い》
発想する（1時間）	○見えない材料にさわることで興味を持てるようにする。 ○気づいたことや感じたことを伝え合わせる。（感じ方の違いに気づかせる） ○色々な加工の仕方があることに気づいてほしいという願いから、ひとつひとつのボックスに手袋を入れる際、違った加工をしておいた。 ■向きを変えたり飾りをつけたりすることで感じがかわるおもしろさを味わっている。（関：行動） ○発想を広げていく手がかりになるように、つくり方の違いを紹介する。	めあて ゴム手袋をいろいろな方向から見つめ、その形に関心をもち、生かそうとする 「みんなの使う材料がここ（ブラックボックス）に入っているよ！手や心で感じてみよう！」 「友だちにどんな感じか教えてあげようね。」 「ブラックボックスの中の材料は？」 「この手袋は、浅野川氾濫の復旧作業にボランティアの方が使ったものだよ。」 ○ボランティアの強い手とやさしい心のゴム手袋と紹介し、ゴム手袋への思いが広がるようにする。 「今日はこれを生きものに変身させよう！」 「ふしぎな生きものを工夫してつくろう。」 「輪ゴムや針金、毛糸などを使ってみてもいいよ。」 「ふしぎな生きものができそうかな？」 めあて 形を変える工夫をしながら、生きものをつくることができる 「変身の仕方を紹介しよう！」	「なんだろう？どんな材料なのかな？」 「ブラックボックスの材料をさわってみよう。」 「どんな感じがするのかな？」 「ざらざらしている、つるつるのところもあるよ。」 「においもする。」 「ふにゃふにゃだよ。」 「動いているみたい。」 「まるい気がするなあ。」 「ゴム手袋だったんだ！大きいな！」 「見たことあるよ！」 ・もう一度触って、手袋をしてみる ・横から見ると ・重ねて結ぶと ・目や口をつけたら ・ふくらませたら 「リボンをつけるとどうかな？」 つくりたいものがうかんできたよ！ 「ふしぎな生きものができそう！」 「こんなやり方でやってみたよ。」 ・まるめる ・ふくらませる ・重ねる ・うらがえしにする ・しばる ・結ぶ ・まく ・輪ゴムでとめる ・モールをぐるぐるまく ・毛糸でかみの毛をつける ・目をつける

公立小学校の題材実践

時間配分と学習計画	教師の指導内容《○指導と■評価》	投げかけの言葉や行動の具体例	子どもの活動《行動と思い》
つくる（3時間）	■つくったりつくり直したりしながら、気に入った形をつくりだそうとしている。（発） ■材料の使い方や飾り方を工夫しながらつくろうとしている。（技：行動、作品）	○制作途中の作品を写真に撮る。 「色々なやり方があるね。」 「できた生きものを見直してみよう。」 「色、形からイメージをふくらませてみよう。」 ○完成作品の写真を撮る。	「色々な方法があるんだね。」 「形ができてきたよ。」 「○○さんの組み合わせは、元気な感じがする。」 「△△さんのまねしてやってみよう。」 ○見直してみよう。 「色や模様の組み合わせをもっと工夫したいな。」 「ふくらませるために中に何か入れよう。」 「ふしぎな形にしたいな。」 「明るく仕上げたい。」 「もっと色のモールを使って。」 「動きがでるように…。」 ○いろいろな生きもののイメージがふくらんだ。 ・海の中の・・・・ ・空をとべる・・・・ ・森の中にいる・・・ 形や飾りを工夫してつくれたよ 「ゴム手袋から生きものがうまれた！」
鑑賞する（2時間）	○表し方のおもしろさに気づくように発表する場を設ける。 ■よさや工夫に気づき、認め合おうとする。（鑑：ワークシート、発表）	めあて 自分や友だちの作品のよさや工夫を認め合い、伝え合う 「ワークシートで生きものづくりの制作をふりかえろう。」 「組み合わせ方や使い方を工夫して生きものをつくることができたね。」	○生きもの発表会。 ○ワークシートを書く。 ・名前をつけたり、工夫したことを書いたりする ・表し方のよさや楽しさを味わう ・伝え合う ・見る、聞く （名前、形や色など） 「○○さんの生きものはおもしろい形をしている。」 「飾りがいっぱいあってきれいだね。」 「おもしろい名前をつけているね。」 ○感想を伝え合う。 ・メッセージとして書く みんなの生きもののすてき！を見つけたよ 「みんなから自分のいいところをたくさん教えてもらってうれしいな。」

公立小学校の題材実践

■ 授業のあとで

　材料との新鮮な出会いのために、ブラックボックスの中にゴム手袋を入れて、素材を手の感触で感じ取る活動を取り入れた。初めて見るブラックボックスに子どもたちは気持ちが高揚し、中に何が入っているのだろうと期待感が高まり、その後の活動が活発になった。

　輪ゴムやモール等の止め方や使い方、手袋の重ね方や裏返す等色々な加工の仕方があることに気づかせるために、ひとつひとつのボックスに手袋を入れる時にそれぞれ違った加工をしておいた。

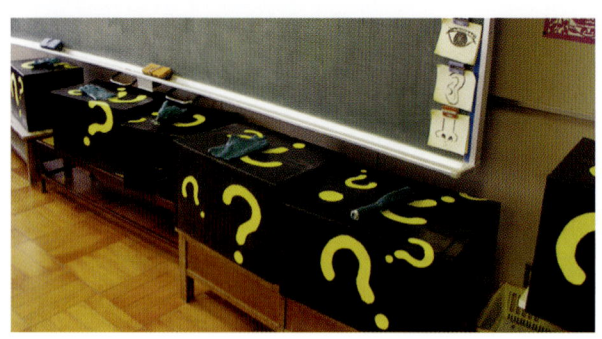

　ブラックボックスに素材を入れ感触をつかむ活動を取り入れ、その感じをことばで表現して伝える場を設定した。手を入れながら「ぶにょぶにょ」「ぷんぷん」「ふにふに」「ねちょねちょ」などと言いながら感触を表現していた。

　新鮮な感覚の体験からこれから何が起こるのか、何をつくっていくのかという子どもの意欲を引き出すことができたと考える。このように様々な手立てを使って感性を耕すという方法は低学年の子どもたちにとっては大切なことであり、素材の感じをことばで表現し伝え合う場を設定したことは、資質や能力の高まりに深く関わっていったと考えている。

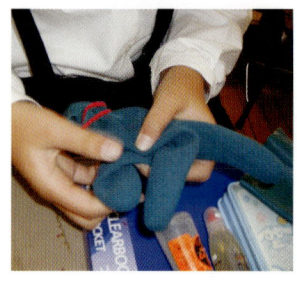 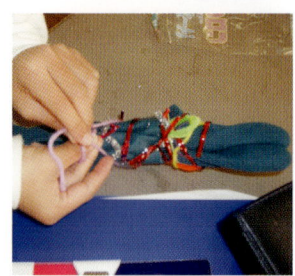

　その後、手袋を変身させる活動では、手渡された手袋を思い思いに触ったり、手にはめたり、つなぐなど色々と試す姿が見られた。イメージを広げ、影絵のようにチョウやカニやウサギ、イソギンチャクなどを表したり、二つを長くつないでへびの形にしたりと、いろいろな形をつくっていた。その様子を基にゴム手袋をつなぐ方法として、モールや輪ゴムなどを提示した。

生きものが完成！

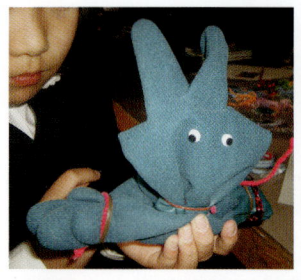 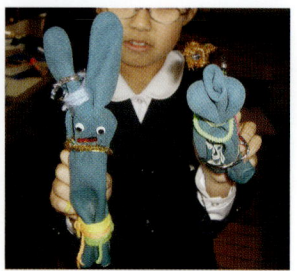
 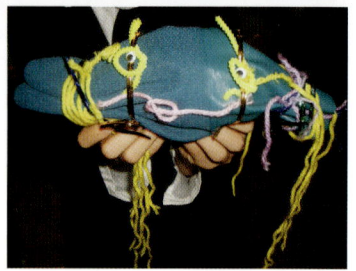

■ 学力考

　図画工作の時間では自分の思いや見方、考え方を伝え合ったり途中の作品を見合うことで、自分や友だちのよさや美しさを見つけることを大切にしてきた。

　このようなことから、感じ取る力や、自分の思いを明確にして伝え合う力を育てたい。

　また、ワークシートを活用し、振り返りや見つけたことを書いたり、途中の作品や完成後の写真をつけておいたりした。そうすることで、完成までの過程や自分の思いがわかるからである。自分の進歩を実感し、表現の違いやその変容に気づき、そのよさを共感したり認め合ったりするなど、互いに関わり合うことが表現の幅を広げるということに気づくようにつなげていきたい。

学年	2
時間配当	8

アランをさがそう！
～グレイソンさんになって作ってみよう！～

■ 題材の概要
　金沢21世紀美術館との連携による鑑賞研究授業を主体とした題材である。日本で初めて企画された、『わが文明＝グレイソン・ペリー展』は作家の内面文明を発掘した軌跡であり、観るものは作家の世界観に旅することができる。身近で現代的なテーマを豊かな色彩、装飾、ユーモア、ファンタジー、アイロニーを織り交ぜて様々な造形で表現している。女装趣味や性的でグロテスクな表現が頻繁に登場するが、作家が幼少のころから現在に至るまで大切にしているクマのぬいぐるみが一貫して重要なモティーフとなっており、子どもにも親しみの持てる展覧会となっていた。低学年に親しみの持てる導入やテーマを工夫することが最も重要であったので、この題材ではクマのぬいぐるみに焦点を定めて「グレイソンさんの大切なアランをさがそう！」をテーマに鑑賞授業を行った。また、今後の造形活動につなげていくために、「グレイソンさんになって自分の大切なものをテーマに作ってみよう」と投げかけ、ゴミ箱で『大好き！何でもボックス』を製作し、鑑賞学習として充実した思い出となった。

■ 題材のねらいと育成する学力
①美術館で本物の芸術作品と出会うことで感性を高め、見る楽しさを味わわせ、鑑賞の能力を培う。
②アランを探すことで、作家の愛情に気づくとともに様々な作品の美しさや表現のおもしろさ、材料の感じなどに気づくことで豊かな情操を養う。
③鑑賞の感動を抱きながら、自分の作品を作ることで創造的な意欲と造形能力を養う。
④形や大きさの存在感を感じながら紙や布、その他の身辺材料のおもしろさに気づき、はさみやボンドを使う技能を身につける。

■ 学習指導要領との関連
鑑賞
　美術館での鑑賞という地域の恵まれた環境を生かした授業は、より一層子どもたちの感性を研ぎ澄ましたようである。自分の見つけたアランを発表しあい、感じたことを聞きあった。アランがどこに何人いたか、どんな材料でどんな様子のアランが表現されていたかを子どもたちは短い鑑賞時間の中でよく見つけていた。また、その後の作品作りで、自分の作品に愛着を持ったりお互いの作品の工夫のよさや魅力を見合ったりすることができた。

表現
　感じたことや想像したことを絵や立体、工作に表す活動。「グレイソンさんになって自分の大切なものをテーマに作ってみよう」では自分の好きなもの、大切なものを絵に描き、それを基に製作した。身近な材料（紙、布、ボタン、ビーズ、写真、雑誌の切り抜きなど）を自分の思いで集め、好きな形に切って貼ったり、直接油性ペンで描いたりなどして楽しんで作ることができた。はさみやボンド、のりなど2年生で身につけておきたい用具の扱いにも慣れさせることができた。

■ 学習の目標

作品鑑賞に興味を持ち楽しむ。アランを楽しんで見つける。自分の好きなもの、大切なものを基に作品を作ることを楽しむ。	鑑賞を基に自分の表したいものを見つけ、思いを広げて材料を考え、好きな形や色を自分なりに思いつく。
自分の描いた絵や身辺材料を自分の思いに合わせて形や色をはさみで切ったり、貼ったり描いたりすることができる。	アランを見つける事に関心を持ち、どこで何をしているかに気づく。自分や友だちの作品のよさや工夫を見つける。

（関・発・創・鑑）

●材料・用具
《教師》グレイソン氏のメッセージビデオ（3分）、子どもたちが描いた画用紙の絵（ミニカード）、教師の作った参考作品／(製作時)プラスチックの箱、ボンド
《児童》美術館入場チケット／(製作時)布、包装紙、はさみ等

●場の設定
　美術館のキッズルーム　班毎にテーブルにつく。

●安全・諸注意など
　美術館でのマナーを確認する。（作品・作品台・壁などに触らない、大声を出さない、走らない等）

●題材との出会わせ方
　グレイソン氏のメッセージビデオを見せる。学芸員の方からの話を聞き、グループごとに鑑賞する。

公立小学校の題材実践

時間配分と学習計画	教師の指導内容《○指導と■評価》	投げかけの言葉や行動の具体例	子どもの活動《行動と思い》
導入（2時間） ①グレイソンさんとアランについて話したり想像したりする。 ②大切なもの、大好きなものを描く。	○美術館に行くことが楽しみになるように、美術館の建物の写真や展覧会のポスターを見せる。 ○グレイソン作品を3点ほどチラシ写真で紹介する。 ○アランと名づけたクマのぬいぐるみは作家が幼いころから現在に至るまでずっと大事にしている宝物であることを知らせる。 ■アランや作品について色々な想像を膨らませている。 ○普段の製作ではキャラクターを作ることは禁じているが、本時は自由に子どもの好きなものを描かせる。何枚でも思いつくものを描かせる。（家族、友だち、ペット、好きな食べ物、ヒーローなど） ■自分の好きな物や大切なものを思い浮かべて楽しく描いている。	「みなさん、今度美術館に行ってグレイソン・ペリーさんの作品を見てお勉強しますよ。」 （展覧会ポスター「My Civilisation Grayson Perry」我が文明｜グレイソン・ペリー展 2007年4月28日(土)～8月31日(金) 金沢21世紀美術館） **アランは親友なんだ。** 「アランはグレイソンさんが47年間も大事にしているんだよ。」 「グレイソンさんにとってアランはどんな存在なのだと思う？」 「みんなも自分の大好きなおもちゃや大事に思っている人、大切にしているもの、好きなものあるでしょう？」 「みんなの大切なもの、好きなもの自由に描いて先生に教えてね。」 「美術館でアランを探そうね。どんなアランがいるか、何しているかたくさん見つけてね。」	○グレイソンさんの作品を見よう。 「美術館に行って、本物の作品を見るよ。うれしいな。」 「どんな作品を作っているのかな。」 「きれいだな。」 「おもしろいな。」 「へんな絵もあるよ。」 「グレイソンさんはずっと大切にしているクマのぬいぐるみを作品で作っているよ。」 「自分の大切にしているものを描いてみるよ。」 「大好きなものでもいいね。」 ○はがきサイズ弱の画用紙に思いつくものを描く。（画用紙・クレヨン・色鉛筆などで） ○何枚か描いた絵をリングでまとめておく。 「美術館で本物を見たいな。グレイソンさんがずっと大切にしているアランをさがすよ。楽しみだな。」
①美術館でのマナー、鑑賞のめあてを確認。 ②鑑賞活動 ③感想発表	○落ち着いて展示を鑑賞できるようにするためにキッズルームで学芸員の方から簡単な解説を聞き、グレイソンさんからのメッセージビデオを見せる。 ○鑑賞のポイントを与える。 ①アランがどこで何をしていたか。 ②大きさや何人いたか。 ③きれいな模様や色を見つけよう。 ○鑑賞の間は余計な説明はせずマナーを守りながら自由に見られる雰囲気作りをする。子どもからの質問があれば答える。	「みなさんが楽しみにしていた美術館にやってきました。」 「今日は、いろいろなアランを探してね。」 **アランがどこで何をしているか、色々なアランを見つけてね。** 「マナーを守って鑑賞しようね。」 ・作品や台、壁にさわらない ・大声を出さない ・走らない　前の人をおさない 「アランの顔は別人みたいだね。」	○グレイソンさんのメッセージビデオを見る。 ○グレイソンさんの大切にしているアランをさがしながら作品を鑑賞する。 ○3グループに分かれて展示室を順番に鑑賞する。 （14人を1グループとした） こんな所にアランがいるよ　きれいだな。おもしろい。 これはアランかわからないなあ。アランだよ。

公立小学校の題材実践

時間配分と学習計画	教師の指導内容《○指導と■評価》	投げかけの言葉や行動の具体例	子どもの活動《行動と思い》
鑑賞（1時間）	○短時間なので鑑賞する展示室を5部屋に限定し、メモを持たせず見ることに集中させる。 ○見つけたアランや作品を思い出せるように何点かの作品の写真を用意する。 ■アランを探すことに夢中になって楽しんでいる。 ○学芸員の方からグレイソンにとってアランがどんな存在か教えていただいたり質問に答えていただいたりする時間をとる。その際、自分の描いた「大切なもの」を見ながら自分の「大切なもの」について考えさせるようにする。 ■見つけたアランや作品について自分なりの感想を持つ。 ○次回の授業について知らせる。教師の作った参考作品を見せて次回の授業の見通しを持たせる。	「アランを見つけたことや感想を発表してもらいましょう。」 ○時間がないので班で1名程度の発表を行なう。 「今度の図工ではグレイソンさんのまねをして何でもボックスを作るよ。」	「なんだかふしぎな作品もあるよ。」 「アランがいろいろなことしているよ。」 ○キッズルームに戻り鑑賞の感想を発表する。 「たくさんのアランを見つけたよ。」 「きれいだったよ。」 「大きいアラン小さいアランがいたよ。」 「賢者みたいなアランがいたよ。」 「とても楽しかったよ。」
製作・鑑賞（5時間） ①グレイソン風・何でもボックスを作る。 ②自分や友だちの作品を鑑賞する。	○導入時に描いた「大切なもの」「大好きなもの」の絵を工夫して生かせるように紙の扱いの方法を教える。 ・描いた絵を切り取る ・和紙や包装紙をちぎったり、切ったりする ・シワにしてもみほぐす、など ○美術館での鑑賞を思い出せるようにポスターやチラシ掲示する。 ○教師の作った参考作品を提示する。 ■自分のお気に入りの絵や紙を使ってグレイソンさんのような作品を作ることを楽しんでいる。 ■自分や友だちの作品のよさを見つけ、楽しんで鑑賞している。	「グレイソン風すてきな何でもボックスを作るよ。」 「土台はプラスチックのゴミ箱だけどグレイソンさんの壺を思い出して真似っこしようね。」 「先生の作品すてき？愛があるからがんばって作れるんだよ。」 「直接油性ペンで絵や模様を描いてもいいよ。」 「布や包装紙や写真を貼ってもいいよ。」	○グレイソンさんになって「大好き何でもボックス」を作る。 「大切なもの・大好きなものを描いた絵をすてきに貼るよ。」 ○自分で集めた他の材料を工夫して切ったり貼ったりする。 ○はさみを安全に使い、ボンドをきれいに使うようにていねいに作業する。 グレイソンさんみたいにすてきな「何でもボックス」になった。

31

公立小学校の題材実践

■ 授業の後で

鑑賞授業の当日は朝から子どもたちは待ちきれない様子であった。もともと理解力が高く感受性も豊かな35名の子どもたちだが、25分の鑑賞時間にたくさんのアランを見つけ、どんな様子だったかを興奮して話してくれた。どの子も生き生きとアランを探し、自分なりの気づきを持つことができた。

しかし授業の発表の場では自分の感想を上手に伝えることができなかった。普段から言葉の使い方、発表の仕方、鑑賞の際に使う図画工作の用語などの指導が不十分だった為と思われる。製作中心の教科であるが、低学年でも自分の思いを伝える術をある程度は身につけさせたい。「言葉による説明力」については他教科で力を入れ、最近ではかなり向上している。また、鑑賞授業は午後2時からということもあり低学年にとっては疲れる時間帯であっ

たが、カラフルな美術館アートバスで送迎していただいたことだけでも子どもにとっては、楽しく興奮することだった。鑑賞グループは引率者の人数が限られていた為14名となったが、7名くらいが理想である。1グループ7名で鑑賞できたが、やはり落ち着いた状態であった。25分という短時間で子どもたちが見たり、感じたり、発見したりできる能力の高さに驚いた。「時間と年齢は反比例する」という物理学者の本を読んだことがある。まさにそれを実感できた。子どもにとって時間がどれほど重要であるか、つまらない、退屈な時間を作らない工夫を教師はしなくてはいけない。グレイソン氏の「つぼ」を真似て『大好き！何でもボックス』を製作したが本物を見た子どもたちの意欲は作品に十分反映されていた。他のクラスも美術館で鑑賞する機会を持つことができ、2年生全員にとって有意義な体験となった。芸術への保護者の関心も高く、協力的であるので大変喜んで下さった。

■ 学力考

「感性を働かせながら手を使って物作りをする」事は「知恵」を伸ばすには一番の近道だろう。自分の経験や感じたことを生かし、自分の思いに添った作品を作るには、感性と共に計画性、技能が必要である。発達のバランスが十分でない小学生時代、もの作りを多くすることで色々なことができるようになる。はさみやのりを上手に使えるようになり、カッターナイフやのこぎり、小刀も使えるようになる。学年が進むに従って金槌、彫刻刀、電動糸のこぎりなど使いこなせる道具が増えていく。危険な道具が多いから安全に注意して集中して取り組むことを覚える。図画工作が好きな子どもは多い。「作ることが楽しい」「きれいなものや面白いものに触れられる」からである。「楽しいこと」は脳の発達を促す。楽しいことは五感が普段よりも活性化する。赤ちゃんは笑わせると脳の発達がよくなるという。小学生という未発達な成長段階でも同じであろう。国語や算数の苦手な子どもでも、図画工作では素晴らしい工夫や色使いで作品を作っている。図画工作の作品で認めてあげたり、自信を持ったりすることで他教科も向上していく子どもの姿が見られた。

一人一人の個性が表現され、よさを認め合う中で人間的なコミュニケーション能力を高めていく。工夫したことを広めあうことで、クラス全体の意欲を高めることができる。伝え合ったり、教えあったり、助け合ったりしながら子どもたちは図画工作の技能的な力と共に、友だちとの関係を作り上げていく。

中学校での経験が長く、小学校ではまだ日の浅い私にとって3回目の2年生であった。初めは接し方も戸惑うほどであったが低学年の無限大の可能性に気づき、意欲が呼び起こされた。「最初から勉強の嫌いな子はいない」という実感を持てたことは大きな収穫であった。表現する充実感を積み重ねることで子どもたちは自信を持ち、いろいろなことに興味を示して生き生きと取り組めるようになる。図画工作を子どもたちと共に勉強できる幸せを感じている。

学年	3
時間配当	6

主やくは　だあれ？

■ 題材の概要

　子どもたちは作品をつくるとき、いつでも必ず自分なりの"お話"を心に持っています。お気に入りの動物・乗り物などをお気に入りの場所で活躍させ、一枚の絵の中に描きながらお話をつくり、楽しみながら表現します。本題材は、そういった子どもたちの心の中の思い・お話を、紙版を使い、主役を繰り返し登場させることで「絵本」や「今までにない表現の作品」として創りあげる活動です。大好きな主人公が活躍する場面を思い浮かべ、想像し、意欲的に取り組んでくれることでしょう。

■ 題材のねらいと育成する学力

　「版表現の複数性から発想を広げ、楽しいお話の場面を想像し、イメージに合う表現を工夫する」ことが、この題材で育みたい力です。

　本題材では、簡単な版づくりから様々な刷りを楽しむことを大切にし、写しながら発想を広げて表すことと、版表現の面白さを味わうことをねらいの中心としています。また、絵本づくりを通して、自分が表したい主人公となる版を決め、そこから発想を広げ、お話を考えていくという一連の活動の中で、自分らしさあふれる自分だけの世界が創造されていくことも期待できます。

　また、一つの版の刷り方を色々と工夫することで自分のイメージに合う表現ができる"間接表現ならではのよさ"と、主人公となる版を一つつくれば複数の場面を描くことができる"版画の複数性"に子どもたちが気づき、自分の表現の中に取り入れ、進んで活動していってもらいたいものです。興味ある一つのことからどんどん想像をめぐらせ、自分なりの表し方を好むこの学年の子どもの特性を生かして活動してほしいと願っています。

■ 学習指導要領との関連

　本題材は、学習指導要領第3・4学年の目標と内容に示される〔共通事項〕「自分の感覚や活動を通して、形や色、組み合わせなどの感じをとらえること」と関わっています。

　子どもたちにとって"主役の版"は発想源・製作の糸口となります。版表現の複数性＝"主役となる紙版"を複数の場面で使うことを明確に把握できることが重要です。また、友だちの"版"を借りて登場人物を増やすなど、製作途中での表現の工夫を見つけ合い、自分の表現に取り入れるなど、友だちと関わることでさらにイメージが広がり豊かな表現が生まれることに気づくような場の設定も大切です。

■ 学習の目標

版を刷るおもしろさを味わいながら、版による絵本づくりに関心を持つ。	版表現の複数性から発想を広げ、楽しいお話の場面を想像する。
自分が表したい感じに合わせて、版の刷り方や描画を工夫する。	友だちと作品を鑑賞しあい、互いの表現のよさや楽しさに気づく。

関　発
創　鑑

●材料・用具
《教師》厚口の画用紙（版づくりに使用）、薄口の画用紙（絵本に使用）、新聞紙（机の汚れを防ぐため）、版画用インク
《児童》はさみ、接着剤、パス、カラーペンなど

●安全・諸注意など
　刷りには、版画専用インクよりも子どもたちが使っている"水彩絵の具"の使用をおすすめします。色数が多く自分のイメージに合わせやすいこと、乾燥が早く製作が進めやすいこと等の理由からです。

●場の設定や題材との出会わせ方
　子どもたちが胸おどらせるような美しく楽しい絵本と出会わせることが、はやく自分たちもつくってみたい、すてきな作品を創りあげたいという製作意欲をかき立てると思います。導入場面では、版画の複数性に気づかせるような適切な資料が必要でしょう。絵本製作の場面では、紙版の他に、既習の材料や用具を自分のイメージに合わせて使えるよう指導・助言します。パス・クレヨン・色鉛筆・カラーペンはもとより、時には折り紙等で貼り絵にすると効果的な場合もあるでしょう。

公立小学校の題材実践

時間配分と学習計画	教師の指導内容《○指導と■評価》	投げかけの言葉や行動の具体例	子どもの活動《行動と思い》
導入	○表現課題をつかませる。 児童が、活動内容を予想できそうな資料を提示し、見通しを持たせると同時に表現意欲を喚起する手だてとする。 "主役"となる紙版を一版つくっておけば、複数の場面で何度も使えることをしっかり理解させ、おさえる。	「すてきな絵本をつくろう！」 ○紙版画といろいろな描画材料で描いた手作りの絵本を紹介する。 「この絵本のヒミツをみつけよう。」 "絵本のヒミツ"である制作方法（主役だけが紙版で他の部分は絵の具やパス・貼り絵等で表現されていること）を、できるだけ子どもたち自身で見つけだすようにさせることで、やってみたいなという表現意欲にもつながる。	「主役は鳥だね。」 「1羽だけつくれば、刷り方を変えていろいろなお話の場面がつくれそうだよ。」 「ずらして刷ってあると、動いているみたいだね。」
発想・構想 （0.5時間）	○発想・構想を広げ、考えをまとめさせる。 イメージのわかない児童にはグループの話し合いの中で発想のきっかけをつかむことができるようにする。 ■イメージを広げることができたか（話し合い、発言、メモ）。	「紙版画ですてきな絵本をつくろう。」 「主役は何にしようかな？」 「大好きなものを考えよう。」 まず"主役"を考えさせ、イメージを広げて"お話"を考える。 「考えたことを絵やことばでメモしておこう。」 「主役は？」 「主役の形は？」 「主役が活躍するお話を考えよう。」	「自分が主役だよ。」 「ペットの犬が冒険旅行する話にしよう。」 「空想のロボットを主役にしたいな。」 「ショベルカーや消防車とか働く車が大活躍するお話にしようかな。」 「だいたい考えがまとまったよ。」 「おもしろい話になりそうだ。」 ○自分がつくる絵本の構想をたてる。 ・本の仕上がりサイズ・ページ数 ・綴じ方（左右・縦横開き方）等
製作① （2時間）	○製作 主役の版の大きさや動き、特徴に着目できるような投げかけを工夫する。 児童が、部分をつくって重ねることや、前後の関係に着目できるように、資料提示を工夫する。 ■自分のイメージに合う版を工夫してつくることができたか（版）。	「主役の版を、工夫して心をこめてつくろう。」 ていねいにていねいに…。特に手足のこまかいところは気をつけて‥。	「体 頭 手足をバラバラにつくって重ねよう。」 「主役を小さめに作って、いろんな所をお散歩してる感じにしよう。」 「どのくらいの大きさにすればいいかな。」 「手足が動くようにできないかな。」 「特徴がでるよう、くふうしよう。」 「気に入った主役ができたよ。」 「友だちの考えも参考にして、すてきな絵本をつくろう。」

公立小学校の題材実践

時間配分と学習計画	教師の指導内容《○指導と■評価》	投げかけの言葉や行動の具体例	子どもの活動《行動と思い》
製作②（2時間）	○絵本の仕上がりを予想させながらていねいに刷らせる。 刷り方を工夫することで発想が広がることを示唆する。 版を均質に刷ることより、様々に試す中で発見する意外性を大切にするよう助言する。	「どんな絵本にするか考え、色々試しながら刷ってみよう。」 「主役の版を、絵本の仕上がりを予想しながら、向きを変える、ずらして刷るなど、色々試しながら心をこめ、ていねいに刷ってみよう。」 「この位置でいいかな？」 「友だちの考えを聞いてみよう。」	「主役は紙のどこに刷ればいいかな。」 「いくつの場面にしようか。」 「向きを変えたり重ねたりしよう。」 「ずらして刷ると動いているみたい。」 「一部分だけ刷ったら感じが変わったよ。」 「私の気づかない工夫があったよ。」 「すてきな刷り方だね、まねしてみよう。」
製作③（1時間）	■刷りの面白さを味わいながら、版による絵本づくりに取り組むことができたか（製作の様子・作品） ○表したい感じに合わせ、多様な表現を工夫しながら絵本を仕上げさせる。 主役以外の登場人物やまわりの様子・景色などを、色々な表し方・描画材料で表現する。 表紙など本の外装は"本の顔"であることを知らせ、装丁を工夫し最後まで心をこめて製作するよう声かけする。繰り返し使った"主役の版"を表紙に貼るなどの工夫もプロセスを大切にする意味で素晴らしい工夫といえる。 ■表したい感じにあわせて、描画材や表し方を工夫することができたか（製作の様子・作品）。	「表したい感じが出るよう、もっと刷り方を工夫しよう。」 ○自分が表したいイメージに合わせて、既習の材料や用具を組み合わせて使うことを助言する。 「心をこめて仕上げよう。」 「思わず開いて読みたくなる本・見てみたくなる本にしよう。」 ○いろいろな表し方を使うよう助言。 「まわりはこれでいいかな？あと何をかこうかな？」 ○本の題名や作者名を表紙に書かせる。 ○表紙　裏表紙　背表紙なども工夫して仕上げさせる。 ※本の題名には作品に込める思いが凝縮される。題名を考えることで製作を振り返ると同時に作品への愛着も深まる。	「友だちの版を借りて刷ったら、お話の続きが変わったよ。」 「細かいところは、色鉛筆やカラーペンを使おう。」 「パスをぼかしたら雲の感じがでたよ。」 「ふしぎな感じにしたいから、絵の具をにじませてみようかな。」 「表紙は絵本のだいじな顔！きれいにていねいに仕上げよう！」 「表紙も工夫しよう。」 「すてきな題名にしなくっちゃ！」
鑑賞（0.5時間）	○できあがった絵本で、お話し会を開く。 友だちの表現のよさを見つけ気づき認め合える、あたたかい会になるよう声かけする。 ■友だちの表現のよさや工夫に気づくことができたか（鑑賞カード）。	○できあがった絵本で、お話し会を開く。 「自分の工夫したところや自慢なども発表しよう。」 色々な世界が広がるすてきな絵本ができたよ。もっと、いろんなお話づくりや絵本づくりをやってみたいな。	「主役が、かっこいいね。」 「刷り方の工夫で、主役が動いて見えるよ。」 「自分では気づかなかった工夫を、いっぱい見つけたよ。」 いろんなアイデアいっぱいの絵本がたくさんあって、とても楽しかった。

公立小学校の題材実践

■ 授業のあとで

「版表現の複数性から発想を広げ、楽しいお話の場面を想像する」ことが、この題材で育みたい力であり、最も大切な目標でした。そのため、まず題材自体を"絵本製作"という表現方法をとり、子どもたちが"版画の複数性"に容易に気づくことができる手だてとしました。授業を参観されたある図画工作科の先生から「通常の版画の授業で"版画の複数性"を謳いながらも、せいぜい多くても2、3枚の刷りで終えてしまい、実感としてそのメリットに気づくことはほとんどない。"絵本"という形をとることで、主役の版を一版だけつくり、方向や刷り方をアレンジしながら何回も刷るという必然性が生まれ"版画の複数性"を実感できる」との感想をいただきました。このことからも、題材設定および導入の場の設定、"版画の複数性に気づく"という目標については、ほぼ達成できたのではないかと考えています。

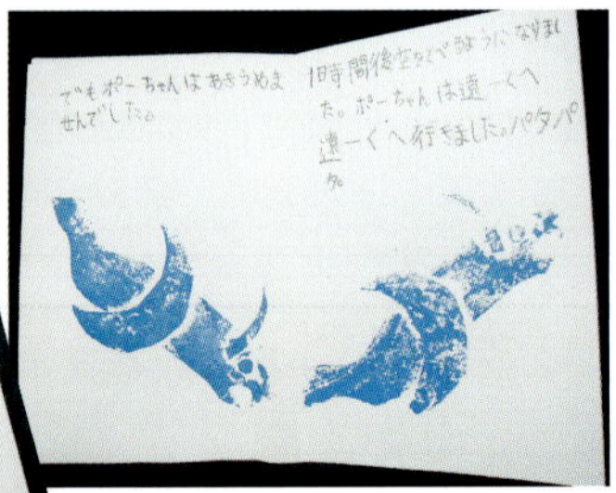

しかし、子どもたちの豊かな発想と創造力は私の予想をはるかに超え、お話の続きがどんどん作られ、登場人物が増え、さらには飛び出すページなど仕掛けが施されるなど留まることを知りませんでした。もっと工夫したい、時間がほしいといった声があがり、到底6時間では仕上がらない児童が多数でてきました。嬉しい誤算とも言えますが、子どもたちの感性の深さと表現の広がりに対して、あまりにも認識と見通しが甘かったことを痛感し、いたく反省しています。

こうして、子どもたちが時間をかけ心をこめて仕上げた素晴らしい絵本が、ようやく完成しました。

できあがった完成度の高い絵本の数々を、校内だけではなく、もっとたくさんの方々に見ていただきたいと考え、校区にある「こども図書館」に展示を依頼したところ、快く承諾していただき、1か月余り展示していただけました。

■ 学力考

子どもたちは、大人には到底まねのできない豊かなみずみずしい感性を持ちあわせています。その感性を基に思いのまま創造的表現活動に取り組むことが、図画工作科における"確かな学び"に他ならないととらえています。そのために、表現の礎となる基礎・基本的事項の定着・習熟は不可欠であり、定着・習熟をはかる学習過程イコール"確かな学び"を作る学習過程と考え、場の設定や手だてを日々試行錯誤しているわけです。

新学習指導要領においても、基礎・基本の中の技術的事項、特に用具等の扱いについては、独立した項目が新設され、基礎・基本の定着はこれまで以上に教科で獲得する力の核となってきています。

子どもたち一人ひとりの思い・考え・感動が作品という形を通して思い通りに表出できるよう、豊かな自己表現によって自己実現を実感する創造活動が展開できるよう、今後も研鑽を深めていきたいと日々思いを新たにしています。

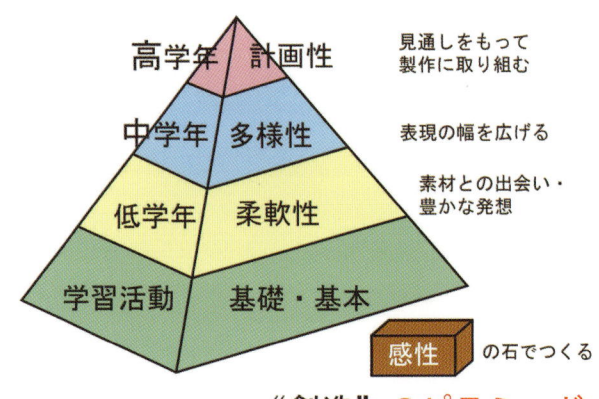

"創造"のピラミッド

学年	4
時間配当	8

何だ!?　入れ物なんだ！

■ 題材の概要
　本題材は中厚紙を使った立体的な工作である。まず、直径がわずかに異なる二つの筒をつくりそれぞれに底面をつけ、円柱状のふたになる外箱と入れ物になる内箱（重なった状態が「基本の形」）をつくる。
　次に、外箱に部分（目や羽など）を加え、単なる円柱を楽しい動物や乗り物などに変えていく表現である。作品は、外観からは紙の置物に見えるが、実は外側の楽しい形のふたをはずせば、中から内箱が現れ、秘密の入れ物になっているという点が、児童のつくる楽しさを高めている。

■ 題材のねらいと育成する学力
　本題材のねらいは「基本の形（単なる円柱）に部分を加えて、楽しい置物にする時に、どのようなことに気をつけるか」を考えることであり、立体における造形的なものの見方考え方を育成することである。立体はどこから見ても表現がなされていることと、加える形のつくり方や貼り方で作品全体が立体的な表現になることへの理解と表現が学力となる。そこで次のAとBのことに気づき共感し合えるようにする。

A　部分を加える場所のこと→どこから見ても部分がある表現をするとよい
　＝どの方向から見ても、模様や部分があると楽しい。

B　部分のつくり方のこと→部分は（できるだけ）基本の形からとび出るように加えるとよい
　＝基本の形からとび出る形が多く、全体が筒のままではなく、ものの形をしていると楽しい。

■ 学習指導要領との関連
＜生活を豊かにする造形や美術の働き＞
　紙工作の置物であるが、秘密の入れ物として役立つということで、身近に置いて楽しむものを創造するよさを味わわせることができる。
＜共通事項＞
　形や色、特に形の組み合わせから感じて、つくりたいものの表現を追求させることができる。また、部分を加えてできた形からさらにイメージを持つなど、つくりたいものの表現を広げさせることができる。
＜感じ取る力や思考する力を育む思いや考えを語り合う鑑賞＞
　表現活動の前に提示資料から感じ取ったことを基に話し合う。前述したAとBをとらえさせるために、三つの資料を作り、二つずつ順番に比較させる。そこで各自が得た情報を基に話し合いながら、表現に必要なことをとらえる。表現活動では、AとBを基に自他の形を思考・判断することとなり、互いに同じ観点で話し合い、表現を追求することができる。

■ 学習の目標

入れ物には見えない置物をつくることに関心を持ち、筒を立体的な楽しい形にすることを楽しむ。	差し込みができる筒の形を基に、つくりたいものを考え、楽しい美しい立体になるように、加える部分やその形を考える。
厚紙の折り方や丸め方など厚紙の扱い方や丈夫な接着接合をし、思いに合った形になるように部分の表し方を工夫する。	部分をつける場所やつくり方に関心を持って作品のつくり方のよさを味わう。

関　発
創　鑑

●材料・用具
《教師》カラー工作用紙
《児童》ものさし、はさみ、水性形接着剤またはのり
●場の設定
　集合させて提示物を見せたり話し合わせたりするスペースを設けておく。
●安全・諸注意など
　集合する時の集まり方を習慣づけておく。基本的には椅子を持って集まる。椅子がないと苦痛で集中力が欠けてくる。

●題材との出会わせ方
①基本の形に部分を加えることの理解のために、単なる筒型の基本の形を見せ、「〜を加えたら〜になる」という想像遊びをする。「耳だけでいいの？」などと聞き返し、加える部分の考えを広げさせる。
②「実はこれ…」と言いながらふたを開け、入れ物になっていることを見せる。予想外なので、基本の形だけであるが児童は感動し、つくる意欲が高まる。

公立小学校の題材実践

時間配分と学習計画	教師の指導内容《○指導と■評価》	投げかけの言葉や行動の具体例	子どもの活動《行動と思い》
基本の形をつくる（2時間）	○学習把握と課題設定のために、資料などからつくるものに見通しを持ったりつくり方を知ったりする場を設ける。	「この形に耳をつけると…。」 「他には何つける？」 「次は横長だよ。何になりそう？」 「部分を加えていろんなものがつくれそうだね。置物になるよ。飾ろうね。」 「実はね、これは入れ物なんだよ。秘密の入れ物だよ。見た目は楽しい置物だけど。」 「筒のこの形を基本の形とします。」 「基本の形に部分を加えて楽しい置物をつくろう。」 「まずは基本の形をつくろう。」	○資料や実際のつくり方を見て基本の形を知り、つくるものの見通しを持つ。 「あっ、ウサギだ。」 「目、それから…手、口も。」 「車輪をつけて蒸気機関車」 「わあ、すごい。ふたがあいた。ちっともわからなかった。大事なものをかくせるかも。」 ○指示を聞きながら基本の形をつくる。
	○二種類の筒がつくれるように、手順ごとに資料を見せ、教師が実際につくりながら説明する。 ・折り曲げ線をつけた場合とつけない場合がわかる資料を見せる。 ・のりしろを外側に折る場合と内側に折る場合の違いを理解させる。 ・上からのぞいてきれいな円になっていることを確かめてのりしろを紙に当てる。 ■「基本の形」を指示通りにつくっている。（技能：基本の形） ○終わった児童から、何をつくるか簡単なスケッチで考えさせる。	基本の形 筒2本 外側のふた 内側のふた ←横の長さを1マス短くする。 折り曲げ線 ←2枚とものりしろをつくる。 切断線	・横長で同じ大きさの紙を2枚用意。 ・1枚の紙を横を1マス分短くする。 ・2枚とも下1マスに折り曲げ線をつけ、その線まで縦に1マスごとに切ると、のりしろができる。 ・右の端、縦1マス目に接着剤をつけ、両端縦1マス分重ねて貼り合わせると筒になる。 ・筒2本とものりしろに接着剤をつけ、紙を当てて基本の形ができる。
表現で大切なことを考え合う（次頁に続く）	○表現で大切な見方考え方（AとB）を具体的に認識できるように、順序立てて対照的な作例を提示し、視覚的によさをとらえながら考えがまとめられるようにする。 ■部分を加える時に大切なことは、「どの方向から見ても楽しくすること」と「部分はとび出るつくり方にすること」というように、立体的な表現をすることだと認識している。（鑑賞：ワークシート）	「基本の形に部分を加えて楽しい置き物にするためにはどうするか考えよう。」 提示1 A「どこから見ても部分がある表現をするとよい」のために	提示2 B「部分は（できるだけ）基本の形からとび出るように加えるとよい」のために

公立小学校の題材実践

時間配分と学習計画	教師の指導内容《○指導と■評価》	投げかけの言葉や行動の具体例	子どもの活動《行動と思い》

（前頁より続き）表現で大切なことを考え合う（1時間）

提示1 （左）作例ア、（右）作例イ
○基本の形に平面的につくられた部分を前方のみ加えた作例と、平面的な部分を周囲に加えた作品例を提示する。回しながら見せ、どちらが楽しいか問う。

※色は関係ないと伝える　　※イは上面に羽毛あり

「鳥だ。アもイもよく似ている。」

この話し合いのポイント
「アは部分が見にくいけどイは羽が見える。」
「あれっ、イには花もあるよ。」
「アは後に何もない。」
「イはしっぽと毛を加えている。」
「部分が上にも横にも後にもあった。」

提示2 （左）作例イ、（右）作例ウ
○上記の平面的に部分を周囲に加えた作例と、とび出る部分を周囲に加えた作例を提示する。回しながら見せ、どちらが楽しいか問う。

この話し合いのポイント
「イは、さっきはよかったけれど、よく見ると基本の形のままだ。」
「ウのように、とび出る部分が多いと楽しい感じがするし、全体がものの形になる。」
「イのようにベタッと貼るのではなく、ウのようにのりしろで貼って立体的なつくり方にした方がよい。」

「基本の形に部分を加えて、楽しい置物にするためには、どうすればいいのかな。」

このまとめのポイント
「どこから見ても部分がある表現をするとよい。」
「部分は（できるだけ）基本の形からとび出るよう。」

つくりたいものをつくる（5時間）

○AとBを考えて表現を追求できるように、鑑賞させながらつくらせる。 ■AとBに気をつけて加える部分やその形を考えている。 ＜発想・構想：作品＞ ■接着接合や部分の表し方を工夫してつくっている。 ＜創造的な技能：作品＞ ■自分や友だちの工夫のよさを見つけている。 ＜鑑賞：カードなど＞	「基本の形に部分を加えて楽しい置物をつくろう。」 「（途中で相互鑑賞）二つのことができているかな。」 ○（可能なら形・色などを観点にする機会も） 「AとBに気をつけて部分を加えていこう。」 「カードに工夫の紹介を書いて、作品につけて廊下に飾ろう。」	○表現する。 「上に帽子をつけよう。」 ○途中でAとBを観点にして鑑賞し合う。 「後ろの方を見ると、とび出た部分がちゃんとあるけど、さびしくない？加える部分をもっと想像したらいいよ。」 ○振り返り項目で自分の工夫を書いたあと、友だちの作品のよさを楽しむ。

公立小学校の題材実践

■ 授業のあとで

本題材を何回か実践してきたことから、参考になると思われることをあげていきたい。

① 望ましい参考作品を見るだけでは児童のAとBに対する必要感が乏しく、ほぼ筒状態の作品になりやすい。資料の比較によって必要感が生じ表現が向上する。

② アイデアスケッチは、どんなものをつくるか大まかにまとめるだけで充分である。一つの部分をつくったところから想像を広げていけばよい。

③ 基本の形づくりは手順を区切り、そのつどつくり方を見せて理解できるように図りたい。特に、次のことがポイントとなる。

- ・折り曲げ線のつけ方＝定規をマス目に当て、はさみの刃で軽く押しながら線を引くこと。
- ・のりしろの切り方＝のりしろを内側に折る場合は、のりしろを三角形に切ること。
- ・筒にするために紙の両端を貼り合せるところ＝１マス分きちんと重ねることと、手を筒の中に入れてしばらく接着箇所を押さえること。
- ・筒に底面を貼るところ＝筒を真上から見て円がゆがんでいないかを確かめながら底面に貼る。

④ 提示資料ア・イ・ウは色が「楽しい表現」の要素にならないように無彩色でつくる。イとウは部分の数の違いが要素にならないように、つくる部分は同じものにして貼り方だけが違うようにする。

⑤ イに対し「たくさん部分がついている」とか、まとめで「いっぱい部分をつくれば楽しい置物になる」とか、量の言葉を使う児童が少し出てくるだろう。これは数量の問題ではなく場所のことなので「前から見ても、横から見ても、上にも、後にもいっぱい」などと、「どこから見ても」につながる言葉で補足し、部分を加える場所のことであるとおさえたい。使う言葉の安易さで意味が違ってくる場合があり、言葉の大切さも教え、言語能力を高めたい。「全体的に」「立体的に」と言う児童も出るが、その言葉の意味も全ての児童が共有できるよう補足する必要がある。

⑥ 本題材ではAとBはものの見方考え方について資料から読み取る力の学習となる。また、AとBは獲得させたいことであり、これを表現活動で活用して思考・判断し表現を追求する学習であると考える。

■ 学力観

教師は「表現の美しさ」や「何か楽しいものをつくらせたい」という観点で題材を考えたり選んだりすることは多い。しかし、図画工作科は学校教育であり、必要な資質や能力を高めるために、計画的意図的にどのような内容を獲得させるかということで題材を検討することがまず何よりも大切なことであろう。題材の積み重ねが教育課程であり、過去・今・これからへと関連しながら児童の資質や能力を高めていく。したがって、題材の内容が効率よくつながることが、６年間の成長に極めて重要であると考える。

「学校教育である図画工作科は、題材において全ての児童に獲得させたい内容がある。」と今述べた。しかし「題材での表現は個々の思いの実現であり、材料もつくり方も個々に異なるのが自然だ。」これも確かである。これら相反するような二つは、次のことで理解しやすいのではないだろうか。

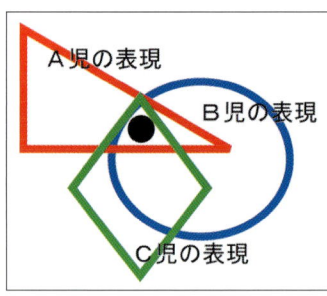

左の図はA・B・Cの児童が思い思いに表現をして、様相は異なっている。しかしそれらは共通して重なる黒い点から広がっていったことと考える。つまり、この黒い点が題材で身につけさせたい内容であり、ここを核にして各自が思い思いに表現しているということである。この場合、学習内容は共通であり、表現の色や形は異なる。表現の方向性が異なり使う材料も個別になるかもしれない。しかし、それは核からの広がりの延長上のことである。生活や社会教育での造形表現では、内容である核はなく、上の三つの表現はほどけてしまうだろう。本題材でのAとBも、この核である。わずかだが児童の作品を紹介する。

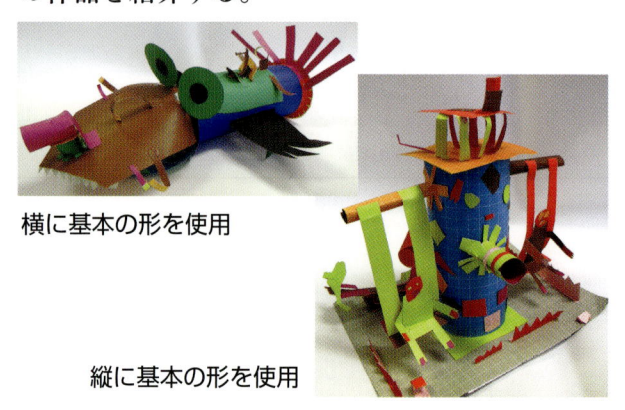

横に基本の形を使用

縦に基本の形を使用

学年	4
時間配当	8

スクラッチでえがこう

■ 題材の概要

　本題材の内容は、スクラッチの技法を生かして、絵に表すことが主となる活動である。画用紙にクレヨンを厚めに塗り重ね、その上にアクリル絵の具を塗り、乾いたアクリル絵の具の表面を削ることにより、下地のクレヨンの色を生かした形ができる。アクリル絵の具は、油性のクレヨンの上でもはじかれずしっかりと塗ることができる上、その濃さを調節することにより、下地の形や色を透かしてみることができるよさを持つ。削りだすことによって、様々な色や形を表すという意外性や、その作業の心地よさにより、児童が高い関心を持って取り組むことが期待できる。

■ 題材のねらいと育成する学力

　本題材の主なねらいは、削り取ることで描くことができるというおもしろさや心地よさに触れさせるだけでなく、スクラッチの仕方の違いによる表し方のよさを感じ取らせることである。そして自分がよいと思うスクラッチの仕方を見つけながら、描きたい絵を表すことができるようになることである。そして、そのよさやおもしろさを味わうようにするとともに、造形的な見方や表し方を広げるようにすることである。

■ 学習指導要領との関連

　本題材は、学習指導要領の第3学年及び第4学年のA表現（2）の以下の内容に沿ったものである。
「発想・構想の能力」を育てるためには、自分なりの表現イメージや見通しを持つことができるように、数点のモデルの絵と出会う場と、その絵の鑑賞の場を位置づけた学習展開を図る。
「創造的な技能」を育てるためには、材料や用具の特徴を生かしながら、表し方を考えて表すことが大切である。

■ 学習の目標

スクラッチの技法のよさやおもしろさ美しさを感じ取り、表し方を考えながら描こうとする。	スクラッチの技法を生かす絵を思いつき、自分の絵に合うスクラッチの仕方を考える。
アクリル絵の具とクレヨンの色の組み合わせを考えながら、スクラッチの技法を自分の思いにあわせて工夫して表す。	自分や友だちのスクラッチの技法を使った表し方の中で、よさを見つける。

（関・発・創・鑑）

●材料・用具
≪教師≫アクリル絵の具、画用紙、はけ、トレー、スクラッチをする用具（竹ぐし、ドライバー、フォーク、割り箸など）、モデル作品
≪児童≫クレヨン、スクラッチができる用具

●場の設定
　試作ができるように小さめの画用紙を用意しておく。また、スクラッチをしすぎたときの修正用としてのアクリル絵の具も準備しておく。クレヨンで下地が描けたら、アクリル絵の具を塗れるコーナーをつくっておく。

●安全・諸注意など
・クレヨンで下地の色を塗るときは、スクラッチをしたときに色がよく出るように、厚塗りをするように促す。
・アクリル絵の具の濃さは、下地に描いた色や形がうっすら透けて見える程度の濃さにする。

●題材との出会わせ方
　クレヨンで描いた絵と、同様の絵の上に黒いアクリル絵の具を塗ってスクラッチをした絵を提示して、教師が児童にその技法を示す場を持つ。

公立小学校の題材実践

時間配分と学習計画	教師の指導内容《○指導と■評価》	投げかけの言葉や行動の具体例	子どもの活動《行動と思い》
出会う（1時間）	○スクラッチの技法を使った絵を見せたり、スクラッチの技法を実際に教師が示範して見せたりする。 ■2つの絵を比較しながら、よいと感じられるところを見つけ出しているか。	「今日は皆さんにちょっとおもしろい描き方をした絵を見せますよ。（絵を見せて）この描き方をスクラッチといいます。」 ＞導入時に子どもの表現への意欲を喚起することが非常に重要。	「わあ、きれい。」 「いろいろな色があって、不思議な感じがするよ。」 「聞いたことがあるよ。」 「幼稚園の時にクレヨンでやったことがあるよ。」 「わあ、おもしろそう。」 「やってみたいな。」
さぐる・みつける（2時間）	○スクラッチの技法のよさやおもしろさを試行錯誤しながら確かめることができるように、小さめの画用紙をわたす。 ■自分が思いついたスクラッチの仕方の効果を探ろうとしているか。 ○試してみた技法を児童全員で鑑賞する場を持ち、気に入った表し方を見つけられるようにする。	「この紙にクレヨンで厚塗りをするように描いてください。その上に、アクリル絵の具を塗って、乾いたらひっかいてみましょう。」 「クレヨンだけでもスクラッチできますが、今回はアクリル絵の具を使います。普通の絵の具と違って、アクリル絵の具は、クレヨンの上を覆うように塗ることができます。」 「先生が実際にやってみるよ。」 ＞子どもの自由な試行活動を重視する。 ＞試行錯誤で表された絵を鑑賞し、感じ取った表し方のよさを、自分の表現に転用できるようにする。	「クレヨンは厚く塗った方がきれいな色が出せそうだな。」 「フォークをつかうと波のような線になって、おもしろいね。」 「不思議な感じの絵を思いついてきたよ。」 「ぼくは、とにかくクレヨンの色の塗り重ねをしてみて、スクラッチをしたときに様々な色が出てくるようにしよう。」 「ぼくは、○○の風景をクレヨンで描いてみよう。」
表す（次頁に続く）	○自分が表したい絵を発想する場を持つ。次に大きな画用紙にクレヨンで厚塗りをするようにして描き、アクリル絵の具を塗る場を設定する。	「大体の形を決めてクレヨンを塗ってもいいし、形をあまり考えずに自由にクレヨンを塗ってもいいよ。」 「クレヨンの層ができるように厚めに塗るといいよ。」 「下地の絵ができたら、下地が色や形がうっすら見える程度にアクリル絵の具の濃さを調整して塗ろう。」	

公立小学校の題材実践

時間配分と学習計画	教師の指導内容《○指導と■評価》	投げかけの言葉や行動の具体例	子どもの活動《行動と思い》
（前頁より続き）表す（4時間）	○スクラッチをして絵を仕上げる場を持つ。 ■自分が見つけたスクラッチの技法を使ってイメージした絵を描いているか。 ○活動が停滞している子どもには、友だちの表し方を参考にするなどして、新たな視点を与え、新たな表現の展開を促す。 ○スクラッチして描いた絵を更によくするために、コラージュしたり、描き加えたりして仕上げてよいことを指導する。	「全体を削りすぎてしまわないように注意しようね。もし、削りすぎたときは、その上からクレヨンやアクリル絵の具を塗るといいよ。」 ○すぐにアクリル絵の具を塗れるように準備をしておく。 「割り箸をつかって、点の模様をつけているところがいいね。」 「くしで細かい線を表しているところがいいね。」 「スクラッチができたら、それを切って組み合わせたり、他の紙を貼り合わせたりしてもいいよ。」	○自分が表したい感じになるように工夫しながらスクラッチして絵を表す。 「わたしは、細かい線を削りだして月夜の草原の草を表してみよう。」 「ぼくは、点や線の模様をつけてみよう。」
味わう（1時間）	○友だちや自分が表した絵を鑑賞し合う場を持ち、学習をまとめる。 ■自分や友だちが描いた絵のよさを見つけているか。	「とてもすばらしい絵ができたね。それぞれによさがあるから、自分が特によいと感じるところを見つけ出そう。」	○自分や友だちが描いた絵のよさを見つけ出す。 「○○くんの絵は、違う色のクレヨンをたくさん塗り重ねていたので、削り方によって、いろいろな色の変化が出てとてもきれいだと思う。」 「○○さんの絵は、スクラッチで細かい模様をつくりだしているところがとてもいいと思う。」 「○○さんの絵は、スクラッチや、いろいろな技法を組み合わせて使ってあって工夫がすごいです。」

公立小学校の題材実践

■ 授業のあとで

通常の描画が凸的な表現であるとすれば、スクラッチは、凹的な表現である。削ることによって中におさめている色を出現させるというこの技法は、その行為自体、児童にとってとても魅力的なものであり、児童は嬉々としてこの活動に没頭した。

どうかすると削るという行為に夢中になり、削り残すよさに気づかないことも多いが、試行活動とその絵の鑑賞の場を持つことにより、自分が求めるスクラッチの仕方を確かめ、ねらいを持って表現することができるようになった。また、削ることによって現れる色も意外性があり、児童は「この色は予想していなかったけれど、でもこんな感じもいいな。」と偶然性によって、自分の造形的な見方や表し方を広げることができた。

今回、大きな画用紙をすぐに与えるのではなく、小さな画用紙で、自由に試作をする活動を設けたが、この活動が描きたい絵のイメージや描き上げるまでの見通しをもつことに大きく役立った。新しい技法を知ったときほど、簡易的な試作の場は重要である。

本題材での児童作品

■ 学力考

新学習指導要領改訂についての基本的な理念や、主たる改善内容について、平成20年1月の中央教育審議会では以下のように述べられている。

すなわち「生きる力」の重要な要素として3点を提示したなかで、「思考力・判断力・表現力」が「重要な能力であるものの、我が国の子どもたちにとって課題となっている」としている。つまり「つけたい力」でありながら「ついていない力」である現状を指摘しているのである。

さらに図画工作科・美術科に関する改善の5つの基本方針の一つに「よさや美しさを鑑賞する喜びを味わうようにするとともに、感じ取る力や思考する力を一層豊かに育てるために、自分の思いを語り合ったり、自分の価値意識を持って批評し合ったり等の鑑賞の指導を重視する。」と記されている。

ここで、注目すべき点は、「感じ取る力」と「思考する力」の双方を育てることが図画工作科において強く求められている点である。

本題材では、その「感じ取る力」と「思考する力」を高めることを念頭において授業づくりを図った。とりわけ、自由な試行活動とその結果として表された絵を基にした鑑賞活動(言語活動)は、自他が表したものを見て感じたよさを基に、それを自分の表現に転用するための思考を働かせる機会となって有効に機能した。本題材での学習展開の肝要な部分であったととらえている。

その結果、児童はスクラッチの技法の新奇性に心躍らせるだけでなく、その技法を使いこなして自分の納得がいく作品をつくりだし、作り出す喜びを味わうことができた。

児童の表現意欲を喚起する新奇性や意外性のある題材の開発をすること、また、多くの表し方にふれる場や、自分の表し方を見直し、改善を図る思考が働く場をつくり出すことなどが、今、図画工作科に求められる能力を養う授業づくりの重要な要素であるととらえている。

学年	5
時間配当	1

「波間に見えるものは？
～北斎の世界から感じ取ろう～」

■ 題材の概要

　図画工作・美術科の学習は、表現と鑑賞の2つの領域の学習を通して行われ、これらはお互いに影響・感化しあう表裏一体のものである。しかし、これまでは、どちらかというと表現活動に偏りがちであったり、単なる知識の伝達に終始する鑑賞指導が行われてきたりしていることから、鑑賞の楽しさを十分に味わわせたいと考えた。

　そこで、本題材では、子どもたちにも親しみのある「神奈川沖浪裏」を、鑑賞の対象とする。コンピュータの機能を活用して作品の一部分を消して提示し、「よく見る」「考える」「感じる」時間をたっぷりと与え、その後考えを交流する。

　また、コミュニケーションの活動として鑑賞の活動をとらえることで、子どもたちの言語感覚も磨かれていくと考える。

■ 題材のねらいと育成する力

　本題材では、自分の見方、考え方、感じ方など、自分自身が気づかなかったような心の内面を表出させる。さらに考えを交流し、深めたり、広げたりするような鑑賞活動を通して、よりよいものに向かって価値づけたり、想像したりするという心の動きを豊かにする力を育てることをねらいとしている。

■ 学習指導要領との関連

　鑑賞の対象として「神奈川沖浪裏」を選んだことについては、小学校学習指導要領解説図画工作編高学年のB鑑賞に次のような記述があるからである。

① 「自分たちの作品、我が国や諸外国の親しみのある美術作品、暮らしの中の作品など」について、「親しみのある作品のことであり、児童の社会的、文化的な関心の広がりに対応した対象」とある。

② 「我が国や諸外国の親しみのある美術作品」については、「国や地域、文化、時代、風土、作者の個性などが関わって創造され、固有のよさや美しさを醸し出している美術作品のことである」とある。

③ 【共通事項】に「ア自分の感覚や活動を通して、形や色、動きや奥行きなどの造形的な特徴をとらえる」とある。

　「神奈川沖浪裏」は、前述の観点を十分含んでいると考える。例えば、画面構成自体が、見る者を惹き付ける。荒々しくうねる大波、それらはあたかも画面右側に配される小舟へと襲いかかるようである。先端を激しく砕け散らせながら生き物のように巨大化する大波と、必死に船にしがみつく人々は、自然の圧倒的な力と人間の無力さを表しているようである。画面中央に配される遠景の富嶽（富士山）は、画面前景で繰り広げられる動と静、近と遠、変化と不変という意味で見事な対比を示している。また、造形的観点から見ると、強弱を極端に強調した激しい曲線によって表現された波の円運動とその連鎖は画面の中で一体となり、スケールの大きさを醸し出しているのである。

■ 学習の目標

すすんで作品を鑑賞し、そのよさや美しさを感じ味わおうとする。	
	関 発 創 鑑　「神奈川沖浪裏」を見る活動を通して，鑑賞し，そのよさや美しさを感じ，感じたことや思ったことを話し合う中で，表し方の特徴や表現の意図などをとらえる。

● 材料・用具
　《教師》鑑賞カード、電子黒板、船（段ボール製）、「神奈川沖浪裏」のデジタルデータ

● 場の設定
　子どもたちが、対話しやすいように電子黒板を囲んで座るようにする。

● 題材との出会わせ方
　「神奈川沖浪裏」の絵の中にある一部を消していることを伝え、絵に関心を惹きつける。

公立小学校の題材実践

時間配分と学習計画	教師の指導内容《○指導と■評価》	投げかけの言葉や行動の具体例	子どもの活動《行動と思い》
見る（10分）	○子どもたちが関心を示すように、だんだんと作品の世界へと誘っていくようにする。	「今日は、鑑賞といって、すてきな作品を見て、みなさんがその絵を見てどのように感じたかを交流し合う学習をします。」 「みなさんも版画をやりましたが、今日は『浮世絵』を鑑賞します。」 ○子どもたちが関心を示したのを見とって電子黒板を操作して作品を映し出す。 「保土ヶ谷」「赤富士」の順に見せていく。 3枚目に「神奈川沖浪裏」を提示する。 「今日、鑑賞する絵は葛飾北斎の神奈川沖浪裏です。」	「何を鑑賞するのですか。」 「見たことあります。」 「あ、それ知っている。」 「知っている！」 「知っている！」 ・知っている子どもも多く、大騒ぎとなった。
	## 「神奈川沖浪裏」富士山のひみつを見つけ出そう		
	○「神奈川沖浪裏」の提示画像に消えた情報があることを伝え、よく見て自分だったらどのように描き入れるか思い描くように促す。	「（子どもたちの声を聞いて）そうですね。この絵に中のどこかに富士山が描かれているのですが、それを消してあります。 さあ、みなさんが葛飾北斎だったら、どこに富士山を描きますか。」	「先生、その絵に富士山がありません。」 「えー！難しそう。」
描く（15分）	○「神奈川沖浪裏」の消えた情報や、吹き出しに自分の思いを加えていくことで、構図の巧みさや作者の意図にふれるようにさせる。 ■すすんで作品を鑑賞し、そのよさや美しさを感じ味わおうとする。（つぶやき、発言、鑑賞カード）	富士山だから、この波より大きく描こう。	○富士山の消えている絵を見て、自分ならどのように富士山を描き入れるか考え、カードに描き入れる。 （波の間に大きく、形よく描く子どもが多かった。）

公立小学校の題材実践

時間配分と学習計画	教師の指導内容《○指導と■評価》	投げかけの言葉や行動の具体例	子どもの活動《行動と思い》
交流する（20分）	○児童が描いたカードの何枚かの絵を電子黒板に取り込み、順番に発表させる。	「いろいろな北斎さんがいますね。では、考えを発表しましょう。」	「富士山は日本一の山なので、波の間に大きく描きました。」
	○次に北斎の作品を大写しにする。	「なぜ、北斎の富士山は小さいのか考えましょう。」	「えー！何でこんなに小さいのかな？」
	○子どもたちのことばをきいて、板書する。		
	○段ボールで作った船を出す。子ども達に船に乗っている人の様子を想像させ、動作をさせる。	「実は、富士山の他にも、この船に乗っている人たちが消えています。誰か、この船に乗っている人の様子をやってくれませんか。」	「きっと、怖くて船にはりついていると思います。」
	○今日の学習の感想をカードに記入させる。		
	■自分が感じたことを交流し、様々な絵の見方や感じ方の違いを味わう。	「今日は、みなさん『神奈川沖浪裏』を見る活動を通して、いろいろなことを感じることができましたね。」「『神奈川沖浪裏』では、主役の富士山を脇役の波や船の乗客を描くことで、引き立たせているのですね。今度、みなさんが自分の絵を描く時にも、今日の鑑賞が生きるといいですね。」	「北斎さんは、すごい。」「いろいろなことを考えながら、絵を描いているんだ。」

子どもの思い（吹き出し）：
- 「ぼくたちの富士山は、波より大きかった。富士山を小さく描くと、波のすごさが伝わる。」
- 「富士山は、ずっと遠くの方にあるから、小さく描いたのだと思う。」
- 「遠くに小さく描いてある富士山は、何だか余裕があるように感じる。」
- 「船に乗っている人たちが恐ろしそうにしていることで、また波のすごさが伝わってくるんだ！」

公立小学校の題材実践

■ 授業のあとで

現代の社会の変化や価値の多様化の中では、子どもたち一人一人が社会の変化に主体的に対応し、創造的に自己実現することが求められている。

つまり、自らを取り巻く社会や文化などの環境に進んで関わり、自分なりの意味や価値をつくりだす資質や能力を育むことが求められているのである。図画工作科は、このような資質や能力を育む大切な役割を果たす、大切な教科であると感じている。

そこで、私たち教師は、子どもたちが持てる力を最大限に発揮し、その変容を自覚できるような題材の開発、出会いや展開の工夫、興味・関心を喚起する造形環境の設定、共感的な活動の見取り、集団における対話の場などの授業デザインをする力をつけることが必要となってくる。さらに、授業中子どもたちが学習のねらいをどれくらい実現しているかを判断できるような評価の力も必要であると考える。

本題材においては、次のような指導の手立てと見取りを行った。

○出会いの工夫

コンピュータの機能を活用して、「神奈川沖浪裏」の絵の中にあるものを消し、子どもたちに提示した。子どもたちは、これまでに見たことのある絵だとばかり思って見ていたのであるが、一部が消えていることを知り「よく見よう」「どこが消えているのか」と焦点化して見ようとする態度が見られた。全体から部分へ意識して見る手立てとして、効果的であったと考える。

さらに、消えた富士山を「自分が北斎だったら」とイメージし、カードに描き込んだ。子どもたちは、波との関係や北斎の他の作品で大きく描かれていた富士山を思い、大きく描く子がほとんどであった。ところが、本物は、思ったより小さく描かれていた。自分なりに作り出した意味や価値がここで崩れてしまった。

しかし、「どうして小さいのか」を考えたことで、構図の巧みさや北斎の意図に気づいていった。意外性に触れることで、子どもたちは、自分たちの力で意味の再構築をすることができたのである。

○対話の場

電子黒板を活用した。子どもたちの学習カードを取り込み、画像に印をつけて、しっかり根拠を示しながら言語化する学習活動を設定した。

友だちがどのように感じ取ったのかを共有化することができ、子どもたちの絵への集中度がとぎれることがなかった。話し合う中で、画面前景で繰り広げられる動と静、近と遠、変化と不変という意味まで、感じ取ることができた。

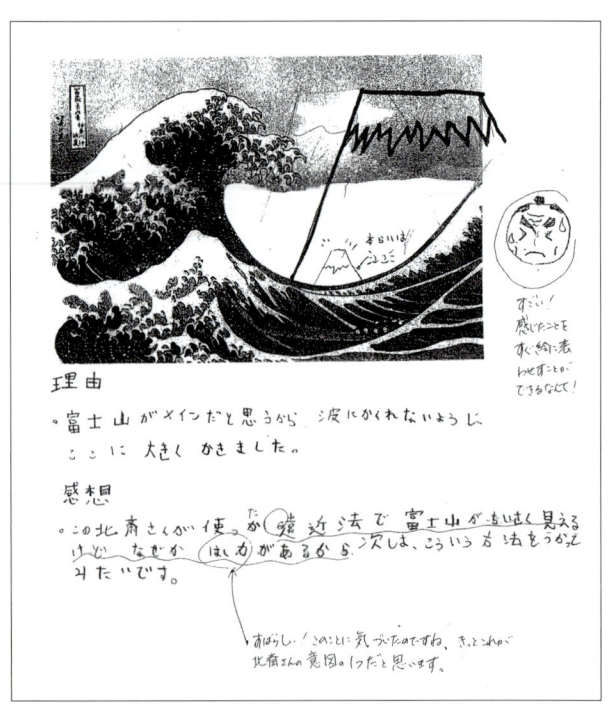

しっかりと自分の考えを書き込んだカード

○共感的な活動の見とり

教師は、授業を進める中で、それぞれのよさを認め合う雰囲気を大事にし、子どもたちの発言に共感したりよいつぶやきを拾い上げたりするように心がけた。

教師自身が素材を好きであることが一番であろう。そして、自分なりのしっかりとした見方や考え方ができていないと、子どもたちのつぶやきを拾い上げることはできない。教材研究の大切さを再認識した。

富士山を消した「神奈川沖浪裏」

学年	5
時間配当	8

糸のこでモダンな家具職人
~不思議な形の板を構成し、生活に役立ち、見ても楽しいキーハンガーをつくろう~

■ 題材の概要

4年生では木材を主材料として扱う工作の系統としては、のこぎりによる直線切りを習得するということが多い。本題材ではそこから一歩進んで、電動糸のこぎりで曲線を生み出し、構成の美しさの感じを意識してつくるという活動をする。

本題材は教科書題材にもある「糸のこのドライブ」の活動を応用させ、曲線切りした板の形を基に構成し、生活に役立ち、見ても楽しいキーハンガーをつくることを楽しむ題材である。電動糸のこぎりの使い方を知り、板を自由な曲線に切るところから活動が始まる。そして、金具や板の形を基にしながら材料の構成の仕方を考えていく。組み立てる前に板材を丁寧に着彩し、材料を組み立て、細部を仕上げた後、フックなどの金具を取り付けてキーハンガーをつくるという題材である。

■ 題材のねらいと育成する学力

① 気に入った形に構成できるように、切った形を試行錯誤しながら構成してみたり、着彩においても混色や模様を工夫したりなど、より美しくなるようにとじっくり取り組むことができるようにする。

② 切った板のやすりがけ、板の着彩なども丁寧に行い、キーハンガーとしての用途を持たせながらも美しい構成になるように考えながら、構想することができるようにする。

③ 平面的なものや立体的なものなど、どんな形にしていきたいかを考え、立たせたりしっかりと接着したりができるようにする。また、用具を目的に合わせて使うこともできるようにする。着彩の仕方も色の使い方や組み合わせを考え、混色や模様の工夫などをして、より効果的に表すことができるようにする。

■ 学習指導要領との関連

第5学年及び第6学年の内容　A表現（2）

ア　感じたこと、想像したこと、見たこと、伝え合いたいことから、表したいことを見つけて表すこと。

イ　形や色、材料の特徴や構成の美しさなどの感じ、用途などを考えながら、表し方を構想して表すこと。

ウ　表したいことに合わせて、材料や用具の特徴を生かして使うとともに、表現に適した方法などを組み合わせて表すこと。

【共通事項】

ア　自分の感覚や活動を通して、形や色、動きや奥行きなどの造形的な特徴をとらえること。

イ　形や色などの造形的な特徴を基に、自分のイメージをもつこと。

■ 学習の目標

曲線切りした板を構成し、生活に役立つものをつくることを楽しむ。	電動糸のこぎりで自在に曲線切りした形を構成しながら発想を広げ、生活に役立つキーハンガーをつくる構想をする。
電動糸のこぎりで板を曲線切りし、材料をしっかりと接着したり、美しく着彩したりして丁寧に仕上げる。	自他の表現のよさや美しさを感じ取り、話し合うなどする。

（中央：関・発・創・鑑）

● 材料・用具

《教師》しなベニヤ、フック、電動糸のこぎり、紙やすり、アクリル絵の具

《児童》筆、筆洗い、雑巾、新聞紙

● 場の設定

電動糸のこぎりは3～4人に1台用意し、効率よく活動できるようにする。

板の構成や着彩をする場合は、グループで活動し、相互鑑賞を生かすようにすると発想や技能の高まりが期待できる。

● 安全・諸注意など

板を切る場所に児童の動線が来ないよう、安全な位置に電動糸のこぎりを設置する。また、接着や接合の仕方について具体的に見本を示したり、掲示物などで確認できるようにする。

● 題材との出会わせ方

電動糸のこぎりで板を切るところを実際に見せ、用具の取り扱いや安全面をしっかりと指導するとともに、板を曲線切りできる電動糸のこぎりの魅力に出会い、自分もやってみたいという活動への意欲を喚起させるようにする。

公立小学校の題材実践

時間配分と学習計画	教師の指導内容《○指導と■評価》	投げかけの言葉や行動の具体例	子どもの活動《行動と思い》
糸のこで自由な形に切る（90分）	○電動糸のこぎりのまわりに子どもたちを集め、板を実際に切って見せ、扱い方がよくわかるようにする。 ○よくない例、危ない使い方を示すことで、正しい使い方の意味を確認できるようにする。 ○曲線で板を区切るとき、あまり小さく分けすぎないように声をかける。 ○刃が折れたときの対応について指導しておく。 ○交代して切ることができるよう、時間を区切って行うよう指導する。また、待ち時間は切った板のやすりがけを丁寧に行うようにさせる。 ■電動糸のこぎりを正しく扱って板を切ることができているか。	「電動糸のこぎりの正しい使い方を覚え、糸のこの道を楽しみながらドライブしよう！」 ・示範する。 刃を換える時は、必ずプラグをぬいて！ 操作は一人で！ 「刃の向きはクリスマスツリーと覚えよう！」 ・掲示物で確認させる。	○電動糸のこぎりの正しい扱い方を知る。 ・刃の向きに気をつける。 ・刃の取りつけの順番を知る。 ・板をしっかり押さえる。 ・切る方向を変えるときはゆっくり板を回す。 ・戻るときは、スイッチを入れたまま進んだ道を戻る。 ○電動糸のこぎりを正しく使い、自由な曲線切りで1枚の板をいくつかに分ける。 「刃が折れてしまった。新しいものに付け替えよう。」 「急カーブだからゆっくり板を回して切り進もう。」 「順番が回ってくるまで、紙やすりをかけておこう。」

公立小学校の題材実践

時間配分と学習計画	教師の指導内容《○指導と■評価》	投げかけの言葉や行動の具体例	子どもの活動《行動と思い》
切った形をいかして製作する（225分）	○気に入った形になるまで試行錯誤を繰り返し、組み合わせを考え、自分なりの美しさにこだわる時間を十分にとる。 ■切った板を様々に組み合わせて、自分の気に入る形を考えている。 ○板を立たせる方法や壊れにくい接着の方法がわかるように図解して掲示し、説明する。 ○共同絵の具として発色のよいアクリル絵の具を用意し、適宜使えるようにする。 ■板をしっかり接着・接合したり、丁寧に着彩している。	「切った形から思いついた組み合わせで構成し、キーハンガーをつくろう！」 ○着彩と接着・接合を並行して行えるように机上に整理して用具を置いておく。 ・アクリル絵の具 ・水さし ・粘着テープ ・クリップなど ○構成の際のヒントとなるように、図解して掲示しておく。 板に切りこみを入れたら面白い構成ができたよ！	○切った形を生かしながら構成し、美しくなる工夫を考えて接着したり、彩色したりする。 「恐竜みたいな形だから、土台の上に立てられるようにしたいな。」 「いろいろな形を重ねてオブジェみたいにしてみよう。」 「モールやリボンを加えて飾りをつけてみよう。」 「色塗りはアクリル絵の具を選ぼう。」 「つるして飾れるようなものにしよう。」
鑑賞する（45分）	○互いに作品を見合い、友人の作品のよいところや気に入ったところを交換しあえる場を設定する。 ■自分や友だちの作品のよさや工夫に気づき味わっている。 ○教師自らが表現のよさや美しさについて気づいたことを紹介し価値づけることで、表現の意図や特徴に気づきながら鑑賞することができるよう指導する。	「友人や自分の発想や表し方の違いやよさや美しさに気づき、互いのよさを認め合おう。」	○自分の作品のよさや工夫を伝えたり、友人の作品のよさや美しさに気づいたりする。 「いろいろなカーブがあって楽しそうだね。」 「板の切り方や組み合わせがいいね。」 「色づかいを工夫していて、とても明るい感じの作品になったね。」

公立小学校の題材実践

■ 授業の後で
本題材と【共通事項】との関連について

　【共通事項】は表現及び鑑賞の各活動において、共通に働いている資質や能力であり、子どもの資質や能力の働きを具体的にとらえ、育成するための視点として学習指導要領では新たに加わった事項である。

　高学年のA表現（2）絵や立体、工作に表す活動における【共通事項】としては、
・自分の感覚や活動を通して、形や色、動きや奥行きなどの造形的な特徴をとらえること
・形や色など造形的な特徴を基に、自分のイメージをもつこと
の2つが挙げられている。

　そこから、本題材の実践に当たっては、【共通事項】の文言より本題材にあうように「切り出した抽象的な形を構成することにより、美しい形をつくり出すなどのイメージを持つ。」というとらえをしてみた。【共通事項】の文言にある「形や色、動きや奥行きなどの造形的な特徴」という言葉は入っていないが、もちろんその意味合いも含みながら「美しい形」という言葉に集約させてみた。

　実践していく中で、子どもが自分の感覚や活動に基づきながら感じた形や色、動き、空間、奥行きなどの造形的な特徴を意識して活動する様子を見取ることができ、【共通事項】に示されている視点の具体的な子どもの姿を再認識することができた。

　本題材では、電動糸のこぎりで切り出した形が多様であり、切り出した形そのものがもつ方向感、量感や奥行きの感じを基にして自分の表現を追求していくことができる。また、着彩の場面でも、色の明るさや鮮やかさ、動きやバランスなどを考えるなどの内容もこの学習の中に盛り込まれている。

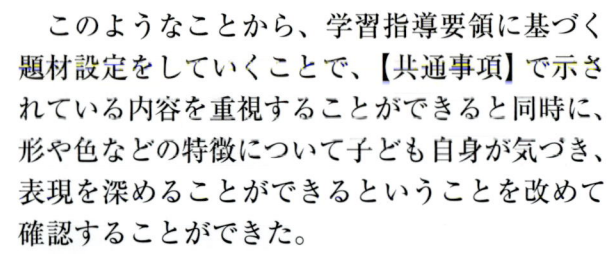

　このようなことから、学習指導要領に基づく題材設定をしていくことで、【共通事項】で示されている内容を重視することができると同時に、形や色などの特徴について子ども自身が気づき、表現を深めることができるということを改めて確認することができた。

　学習指導要領に基づく題材設定を意識していくことで、子どもに育むべき資質・能力を明らかにして授業実践をしていくことを心がけていきたい。そうすることで、楽しい図画工作科の学習の中で子どもが自然と自分の力を伸ばしていけるような学習展開をしていけたらと考える。

■ 学力考

　図画工作科の学習を通して培われる力について、例えば、材料、用具の取り扱いの知識・技能や表現の方法を身につけることについて考えてみる。

　本題材について言えば、木という少し手応えのある材料を用いて立体的に構成するという場面がある。そこには、用具を駆使して自分の思いの実現を図ろうとする子どもの自己との対話がある。切る時の力の入れ具合、接着のための手立て、着彩における色のイメージ、立体的な構成の工夫、様々なことを活動を通して子どもは体で学び、自分の経験値としている。今回の学習指導要領に示された【共通事項】にはそのような活動を通して働く資質・能力が整理されている。それを授業場面での具体は何なのか、確認しながら実践すると図画工作科における確かな学力を身につけられるのではないかと思う。

　また、図画工作科の学習を通して培われる力は、図画工作科でないと培えないものがあるとの意識を持ち、授業展開を考えていくことが大切であると感じている。

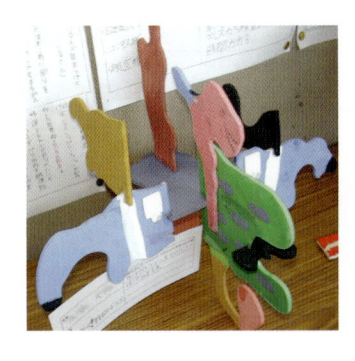

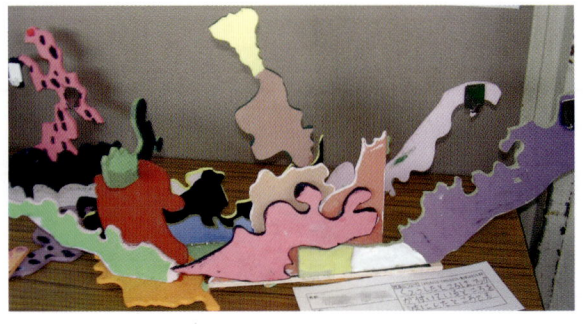

学年	6
時間配当	1

キモチイロイロ！マイ・アートカードコレクション！
～マイ・アートカードでいろいろな見方・感じ方を深めよう～

■ **題材の概要**

子ども自らが表現した作品をスキャナーやデジタルカメラを使ってパソコンに取り込み、はがき大の大きさに縮小、印刷する。カードになった自分たちの作品をゲーム的な要素（アートカードゲーム）の中で鑑賞し、お互いの作品のよさや面白さを感じとっていく題材である。

■ **題材のねらいと育成する学力**

【題材のねらい】

カードになった自分たちの作品をコミュニケーションを図りながら鑑賞し、お互いの作品のよさや面白さを感じ取ることを楽しむ。

【育成する学力】

（1）豊かな心の育成
- 自分たちの作品を大切にして作品のよさや美しさを感じ取り味わうことができる。
- 自分や友だちの作品のよさや美しさなどを味わうことで、つくり出す喜びを感じ、自分の生活を豊かにする態度を培う。

（2）国語力及び学習の基盤的能力の育成
- 対象から感じ取ったことや、形や色から受けたイメージを話し合うなどして自分の言葉によって表すことは知的活動の基盤、感性・情緒の基盤、コミュニケーション能力の基盤としての国語力を育成することにつながる。

（3）コミュニケーション能力の育成
- 自分の思いを発表したり、考えのよさを認め合ったりして、互いが学んだことを共有化するとともに、他者の感じ方、考え方に違いのあることを学ぶことは自他を認め合い、協働・共生できる子どもの育成につながる。

■ **学習指導要領との関連**

第5学年及び第6学年の内容　B鑑賞

ア　自分たちの作品、我が国や諸外国の親しみのある美術作品、暮らしの中の作品などを鑑賞して、よさや美しさを感じ取ること。

イ　感じたことや思ったことを話したり、友人と話し合ったりするなどして、表し方の変化、表現の意図や特徴などをとらえること。

〔共通事項〕

ア　自分の感覚や活動を通して、形や色、動きや奥行きなどの造形的な特徴をとらえること。

イ　形や色などの造形的な特徴を基に、自分のイメージを持つこと。

【本時の鑑賞】自分たちが表現した作品をアートカードゲームを通して鑑賞し、そのよさや美しさを感じ取る。

自分たちが表現した作品を鑑賞し、感じたことや思ったことを言葉で表したり、友人と意見交流したりするなどして、表し方の変化、表現の意図や特徴などをとらえる。

〔共通事項〕活動を通して、作品の表現の特徴やそのよさや美しさをとらえ、描かれている形や色などの造形的な特徴を基に自分のイメージを持つ。

■ **学習の目標**

関	発
アートカードに表現されたものの形や色、主題のよさ、美しさに関心を示し、感じ取り、味わうことを楽しもうとしている。	
創	鑑
	アートカードに表現されたものの形や色などから表現の意図や特徴をとらえたり、よさや美しさを感じ取ったりしている。

● **材料・用具**

《教師》鑑賞の対象：子どもの作品をカードサイズにしたもの、学習シート

● **場の設定**

アートカードゲームを円滑に進めるリーダー役を設定し、4〜5人グループで活動できるとよい。

自分の思いを話したり友だちの話を聞いたりして、意見を交流できるようにするためにお互いに向き合った座席隊形がよい。

● **安全・諸注意など**

教師がキーワードを提示する際には、初めは「丸」や「四角」、「青」や「赤」など、作品を見てわかる具体的なものにし、次第に「暖かい」や「楽しげ」など抽象的な表現にしていくとよい。

● **題材との出会わせ方**

事前にアートカード（神奈川県立近代美術館制作）を使って活動を行っておくと、自分たちの作品がアートカードになったことに大きな喜びが感じられるとともに本活動への意欲的な取り組みにつながる。

公立小学校の題材実践

時間配分と学習計画	教師の指導内容《○指導と■評価》	投げかけの言葉や行動の具体例	子どもの活動《行動と思い》
事前	これまでの活動で制作した子どもの作品をスキャナーやデジタルカメラでパソコンに取り込み、はがき大の大きさに縮小し、カードにする。（ラミネートするとより扱いやすく見栄えがよい）		
カードに出会う（10分）	○児童作品でつくった作品カードを見せる。 ○カードを机の上に並べ、その中から1番気に入ったカードを選ぶように提案する。 ○各自カードを選んだら、なぜそのカードを選んだのか、どの部分がいいなと思ったのか、気に入った理由をグループの中で一人ずつ発表するように声かけをする。 ※グループ内の発表では、一人進行役を立て、活動が円滑に進むようにするとよい。 ■アートカードに表現されたものの形や色、主題のよさ、美しさに関心を持って見ている。	「すばらしい芸術家たちの作品のカードを用意しました。今日はそのカードを使って鑑賞ゲームをしましょう。」 ○飾りつけた豪華な箱や布の中からゆっくりと取り出し、子どもたちに見せる。 「この作品カードの中で「いいな！おもしろいな！」と思ったカードを1枚選んでみよう。」 「自分が選んだ作品のどの部分がいいなと思ったのか、グループの中で一人ずつ発表してみよう。」	「あっ！ぼくたちの作品だ！！」 「ぼくたちがつくった作品がカードになってる！」 なぜこのカードを選んだかというと、赤とオレンジの点々がきれいでとてもかわいいなと思ったからです。
キーワードゲーム①をする（15分）	○キーワードゲームを提案する。 ○教師が一度例を示す。 ※キーワードを伝え、その言葉に合う絵を探すゲーム。キーワードは具体的なものから次第に抽象的なものにするとよい。 具体的な例としては、 　色：青・赤・黄など 　形：丸・四角・三角など 　ものや事象：風・空・火・太陽など 抽象的な例としては、 　気持ち：嬉しい・悲しい・怖い・怒り・暖かいなど	「では、これからキーワードを言います。そのキーワードに合った作品カードを探してください。」 「キーワードは・・【赤】！」 「キーワードは・・【丸】！」	はい！私はこれ！ ぼくも同じカードを選んだよ！！

54

公立小学校の題材実践

時間配分と学習計画	教師の指導内容《○指導と■評価》	投げかけの言葉や行動の具体例	子どもの活動《行動と思い》
	■アートカードに表現されたものの形や色、主題のよさ、美しさに関心を示し、感じ取り、味わうことを楽しもうとしている。		キーワードは・・・楽しくてワクワクしちゃう感じ！！ ぼくはこれだな・・・。
キーワードゲーム②をする（15分）	**マイ・アートカードを使ってみんなの作品のよさやおもしろさを発見しよう！** ○抽象的な表現（○○な感じ）を使って子どもたち同士で出題しあい、選んだ根拠を発表しあうことを提案する。 ○怖い感じ・優しい感じ・楽しい感じなど、教師が1～2例を示す。 ■アートカードに表現されたものの形や色などから表現の意図や特徴をとらえたり、よさや美しさを感じ取ったりしている。 ○学級全体で活動し、見方・感じ方の違いを知ったり、思いを共感したりして見方・感じ方をさらに深められるようにする場面を設定する。 ○学級全体の前で、代表の子どもに「○○な感じ！」と出題させる。回答者の児童には、黒板に提示してある作品の中から、自分が○○と感じる作品を、合図によって一斉に指さきせる。 ○出題者にも自分があらかじめ選んでいた作品を提示し、選んだ根拠を発表させる。	「"○○な感じ"の○○に言葉を当てはめて、そのキーワードに合ったカードを選び、選んだ理由を伝えよう。」 「"○○な感じ"のカード探しをみんなでやってみよう。」 私と感じ方が一緒だ！！	「えー、難しそう。」 ○グループの中で一人ずつ「○○な感じ」の○○に言葉を当てはめて出題する。 ○グループのメンバーは、出されたキーワードに合った作品を自分の見方・感じ方で探し出し、選んだ根拠を発表する。 僕はこの作品を選びました。なぜかというと明るい色とフワフワした模様から「これから何かいいことがありそうな感じ」がしたからです。 ○回答者は選んだ根拠を発表する。 嬉しくて気持ちがはじけたような感じ・・・私はこの作品！

公立小学校の題材実践

時間配分と学習計画	教師の指導内容《○指導と■評価》	投げかけの言葉や行動の具体例	子どもの活動《行動と思い》
鑑賞カードに活動のまとめをする（5分）	○回答者と同じ作品を選んだ子ども、出題者と同じ作品を選んだ子ども、または両者と違った作品を選んだ子どもなど、それぞれに挙手をさせ、それぞれの思いを教師が認めることで見方・感じ方の違いを実感できるようにする。 ■アートカードに表現されたものの形や色、主題のよさ、美しさに関心を示し、感じ取り、味わうことを楽しもうとしている。 ○活動を振り返らせ、対象の見方・感じ方には違いがあることや同じ表現主題でも様々な表し方があることに気づくようにする。 ○鑑賞シートでは、「共通事項」の観点からの感想も記入できるように助言したい。	〜さんの思いに対してみなさんはどうですか？ 僕は違う絵を選びました。 〜さんと同じ思いです！！ 「活動を振り返って、どんなことを感じたのか、鑑賞シートに感想をまとめましょう。」	○活動を振り返り、活動したことのよさを鑑賞シートにまとめる。

《学習感想》

> みんないろいろな気持ちの絵をみていろんな気持ちがかいてあってすごかった。アートカードゲームではお題をいろいろだされてその絵からえらんで自分の気持ちを言ったり、聞いたりできて楽しかった

《学習感想》

> 友達が作ったオリジナルのカードで活動したのでいろいろな考えがあてはまるカードもあり、友達らしい、自分にはない意見を聞く事ができたのでよかったです。

《学習感想》

> 友達と作品が同じになったりしたとき、○○さんも同じなんだ！と思いました。気持ちの表し方はいっぱいあるんだと思いました。前でやったとき、「こわい？」とたされて、まよったケド…それが横山といっしょでした！共感ってすごい！

■ 授業のあとで

　子どもたちにとって、自分たちの作品がカードになったこと、そしてそのカードを使って鑑賞ゲームをしたことはとても嬉しいことだったようだ。友だち同士、作品カードを手に取って嬉しそうにじっと眺めたり、思いを伝えたりする子どもの姿がみられた。本題材でカードにした子どもたちの作品は、自分の気持ちを絵の具などで表現したものであった。一つひとつの作品に子ども自身の表現主題（嬉しい気持ち、不安な気持ちなど）が明確にあるため、それぞれの作品に対する見方・感じ方の違いや表現の多様性を感じ取りやすいものであったのではないかと思う。

　自分の作品について友だちがよさを語ってくれる嬉しさは表情を見ていてよく分かる。その認め合いが自信につながり次の造形活動への原動力となっていく。授業が終わったあと、子どもたちは口を揃えて「このカードが欲しい」と言っていた。活動を通して作品のよさやおもしろさを感じることができたこと、また友だちが自分の作品を認めてくれたことなどが作品に対する自信になり自分や友だちの作品を大切にしようという思いを育てたのではないかと思われる。

　鑑賞活動にゲーム的要素を取り入れて行うことで、子どもたちは、自然な形で対象への興味・関心を持つことができる。しかし、ゲーム的要素の中で遊ぶことに終始してしまい、肝心な鑑賞の資質や能力の高まりに欠けた活動になってしまう恐れもある。教師は、活動の中で子どもの姿をよく見とり、適切なポイントで対話をしながら子どもの資質・能力の高まりを支援することが大切であると感じた。「どうしてそのカードを選んだの？」「熱いイメージは何色だろう…」「どの部分が悲しいと感じたの？」「なるほど、細かい色の表現までよく見ているね」など、子どもが対象にしっかりと向き合い、自分の言葉で語ることができるように寄り添いながら言葉かけをしていくとよい。子どもたちの発言の根拠が対象となる作品にしっかりと向いているのならば、教師は子どもから発せられる様々な発言を認め、子どもたち相互の関わりを支援していくことが重要である。

■ 学力考

　「先生！見て！これすごいでしょ！」木の板を組み合わせてつくった箱の蓋をパカパカと満面の笑みを浮かべながら何度も開けたり閉めたり。「すごいねえ、蝶番を工夫して作ったんだね。よく考えたね！」と言うと、益々嬉しそうに。そして今度は友だちに見せて再びパカパカと。その子どもにとって蝶番を使って蓋を取りつけることができたことは大きな喜びであったのだろう。「自分にもできた！」という喜びを伝えたい気持ちと活動を認めてほしい気持ちで溢れているようだった。

　造形活動によって表出されたその子のよさを認め伝えることは、子どもにとって大きな自信となって、「新たにつくりだす喜び」さらには「様々な活動への原動力」となっていくと考える。

　社会では、様々な思いや考えをもった人たちと協働して課題を解決していく場面が多い。人や物との関わりの中で生きていく。その中でコミュニケーションの力の重要性は大変大きいものであろう。

　図画工作科の学習において自分らしさがつまった作品や活動を他者に認められる喜び、心地よさを味わうことは、自己表現することへの大きな自信となる。そして他者のよさを認め、受け入れていく姿勢へとつながるだろう。それは他者や社会と交流し、主体的に表現したり、よさや美しさを感じ取ったりするコミュニケーションの力、いわば「主体的に人やものとつながり合う力」を育てることになるのではないかと考える。

　図画工作科で培った知識や技能を使って成し遂げる。発想や構想を生かして新しいものをつくり出したり問題解決したりする。そうした力強さの根底にはお互いのよさを認め合う体験、「人やものとつながる喜び」を味わった体験があるのではないかと思う。

　今後も図画工作科の授業の中で、作品や活動のよさを見とり、伝えていくこと、他者とのかかわりの中でお互いのよさを認め、伝え合うことができることを大切にして指導に当たりたいと思う。子どもが、つくり出す喜びを味わう中で自信を大きく持ち、力強く前向きに明るく歩んでいくことを願っている。

学年	6
時間配当	16
(うち実製作 10)	

田上っ子サインプロジェクト
～伝え合おう、形や色に思いをこめて～

■ **題材の概要**

　本題材は生活の中で役立つものとしてサイン（＝標示）をデザインする活動である。視覚による情報伝達の表現として、形や色の働きを実感し自分なりのイメージをもって表現すること、コミュニケーションを通じて視野を広げ、作品に対する見方、感じ方を深めることをめざして活動をスタートした。

　　第一次・・・「色と形で伝える」について
　　第二次・・・校内サイン調査
　　第三次・・・構想
　　第四次・・・プレゼンテーション・意見交流
　　第五次・・・製作
　　第六次・・・作品設置・鑑賞

　具体的には学校内におけるサインプレート（標示板）をリニューアル或いは新作しようというプロジェクトである。個人制作ではあるものの、その特性上、公共性を持つ作品でもある。作品自体が学校というパブリックスペースにおいて、人に何かを知らせるという機能を持つものであるために、個々の表現の独創性は尊重しながらも、それが独りよがりな表現ではなく誰にもわかりやすいデザインになることを目指した。そこで、つくる場所について自分なりに思い描くイメージを明確にするために、形や色などの造形要素に着目させるとともに、人がそれを見たときにどのような印象を持つかを造形的な言語を用いて話し合う活動を重視した。特にプレゼンテーションでは「形や色が場所の特徴に合っているか」「表し方がわかりやすいものになっているか」「表現が楽しいもの、心地よいものになっているか」を話し手・聞き手双方に意識させて活動を行った。授業では話し手は教材提示装置を利用して自分たちのアイデアをわかりやすく説明しようとし、聞き手は質問や感想を積極的に発言して活発な話し合いがなされた。その場で発言できない児童も、ワークシートに造形的な観点を基に意見や感想を書き、伝えたい相手には付箋に書いて手渡す活動も行った。

　完成後、校内の様々な場所に子どもたちの新しいサインが設置された。6年生が自分たちの作品を鑑賞し合うことはもちろん、下級生たちが自然に作品のよさを見て感じ取っている姿も多く見られた。

■ **題材のねらいと育成する学力**

　本題材では、生活の中で役立つデザインについて考え、人に情報を伝えるための表現としての形や色の重要性を認識し、日常生活における必要感を持って作品をつくろうとする意欲を高めたいと考えた。

　これは、ピクトグラムという観点から非言語によるコミュニケーションの有効性をも含んでいる（色や形などによる表現を図画工作・美術科特有の言語と捉えるならば、文字を用いた表現に拘る必要はないということ）。それと同時に造形に関わる言語を用いた鑑賞活動を通して、作品に対する視野の広がりや見方、感じ方を深めることができるようにしたいと考え、表現活動の前後や途中、完成後においても、ことばによる鑑賞活動が自然に行われるよう指導を行った。

　鑑賞活動を行う際、表現を的確に表せる造形言語を意識して使うようにしなければ、自分の思いを伝えたり、作品を味わったりすることが稚拙なままで停滞しまうおそれがある。作品に対する解釈や評価に関わる言語活動を行おうとしても、「かわいい」「きれい」程度の語彙しかなければ、豊かな解釈や評価は望めず漠然とした抽象的な感想文に陥ることがある。美術作品の鑑賞では、形や色などの造形的な要素をおさえて作品から受ける印象などを語ることが大切であり、そのためにはことばで考えさせ整理させることも重要である。造形に関することばで表現することによって、見る視点を整理し、作品の見方や感じ方を豊かにしていくと考えられる。

■ 学習指導要領との関連
・自分の感覚や活動を通して、形や色、動きや奥行きなどの造形的な特徴をとらえること。
・形や色などの造形的な特徴を基に、自分のイメージをもつこと（共通事項より）。

新学習指導要領において、形や色などの造形要素は図画工作科における重点的な指導内容のひとつとして扱うように盛り込まれている。ここでは特に作りたい場所の特徴から形や色をイメージすることを重視した。

・言語活動の充実
（造形に関わる言語を用いて思いを伝える）

鑑賞活動では、対象のよさや美しさなどを豊かに感じ取り、作者の表現意図や工夫などを味わったり、美術文化などについて理解したりするなど、思いを巡らせながら見方を深めていくことが求められている。そこで、色や形、質感などに注目して、どこが、どのようになっているから、どう感じたのか、などのように感想や評価の仕方を意図的に指導することも考えられる。これらの経験を積み、造形に関する語彙を豊かにしていくことで、表現について自分の感じたことや考えたことが、より的確に相手に伝えられるようになるとともに、他の作品を見る際にも生かされていくと考えた。

■ 学習の目標

サイン＝コミュニケーションの働きを理解し、学校内にあるサインを見直し、よりよい環境づくりをしようとする。	学校生活に役立つサインを形や色、材料や作り方などの観点から構想し、知らせたいことが伝わる表現を考えることができる。
これまでに身につけた材料や用具に関する知識や技能を駆使して、自分の表したいものをつくることができる。	コミュニケーションを通じて視野を広げ、作品に対する見方・感じ方を深め造形的なことばで表す。

（中央に「関／発／創／鑑」の円）

●材料・用具
《教師》ワークシート、ケント紙、板材（300㍉×120㍉×10㍉と360㍉×260㍉×4㍉のもの）、アクリル絵の具、木工用ニス、教材提示装置、プロジェクター、電動糸のこぎり、錐、ヒートン、リング、強力両面テープなど
《児童》色鉛筆、カラーペン、彫刻刀、筆、パレットなど

●場の設定
・教材提示装置をプロジェクターに接続し、サインを作る場所の担当者毎にプレゼンテーションを行う場を設ける。
・板材は二種類用意し、吊り下げ式と壁面貼り付け式のどちらかを選ぶ。表現方法によって板材は薄手と厚手を使い分け、材料取りして余った板は誰でも部品作成に使えるよう共有ボックスに集める。
・アクリル絵の具は300mlボトル12色を用意し、絵の具コーナーを設けて必要分を自分のパレットに入れて使うようにする。乾燥が早く接着力が強いので、一度に何色も入れないで計画的にパレットを洗浄しながら使うよう指導しておく。（アクリル絵の具がチューブ入りのものならペーパーパレットの使用も考えられたが、学年で液体ボトルを購入したので、個人持ちのプラスチックパレットを有効活用することにした）。

●安全・諸注意など
・電動糸のこぎりの取り扱い（刃を正しく取りつける、板をしっかり押さえる、急がずあわてず、無理に力を加えない、切る方向を急激に変えないなど）
・彫刻刀の取り扱い（正しい持ち方、刃の角度、滑り止めや彫刻板の使用など）

●題材との出会わせ方
・ビデオ教材「色と形で伝える～ビジュアル・コミュニケーションの時代～」（文部科学省特選）を鑑賞後、色と形で伝えることについて話し合い活動を持つ。その後、自分たちの学校の中で使われているサインについて注目し、校内調査活動に入る調査活動でわかったことを発表し、具体的な製作活動に入っていく。

公立小学校の題材実践

時間配分と学習計画	教師の指導内容《○指導と■評価》	投げかけの言葉や行動の具体例	子どもの活動《行動と思い》
色と形について考える（1時間）	○ビデオの視聴を通して色と形について考え、クラスで話し合う場を設ける。 ■生活の中で形や色がどんな使い方がされているか考えようとする。＜関：ワークシート＞	「『色と形で伝える』ってどんなことだろう。」 ・子どもたちの意見や感想を発表する。	○ビデオ「色と形で伝える」を観て生活の中で使われている色と形について考え、ワークシートに書き、発表する。 「文字でなくても何かを伝えることはできる。」 「色にも形にも意味があるんだな。」
校内サイン調査・発表（2時間）	○生活の中でのサインの使われ方を実感できるよう校内を調査させる。 ■生活の中で形や色がどんな使い方がされているか調べようとする。＜関：ワークシート＞ ○グループ毎にそれぞれの階の報告者が発表する場を設ける。 ■形や色の特徴をもとに発表する。＜鑑：発表・ワークシート＞ ○調査結果をもとに現状のサインについて改善する所はないか、新しく必要な所はないかを考える場を設ける。 ■調査結果について話し合い、互いの意見や考えを出し合おうとする。 ＜関：行動観察　ワクシート＞	「学校にあるサインを調べよう。」 ・各階毎に担当を分担し、ワークシートに記録させる。 「調べたことを発表しよう。」 ・発表内容から実際に自分たちでサインを作る際に気をつけるポイントを意識するように伝える。	○使われている形や色などについて意識しながら学校内のサインを調査する。 ○調査結果をグループ毎に発表し、意見交流する。 「色々な場所にサインがある。」 「非常口は緑、消火栓は赤。」 「見にくいのや壊れてるのもある。」 「色が暗い感じ。」 「時間が経っていて古くさいな。」 「色の組み合わせがよくないから文字が見にくい。」 「ここにサインがあるといいな。」 「文字だけだとおもしろみがないからマークがあってもいいな。」 「危険を知らせるサインは赤かな。」
構想（2時間）	○グループで同一場所のサインをつくる場合はグループ内で表現内容や方法を分担できるよう助言する。 ■色や形を利用した効果的な表現を構想し、作り方を考えることができる。 ＜発：ワークシート＞	「新しい校内サインを考えよう。」 ・プレゼンテーション用紙に書く前にワークシートによって構想を具体化させる。	○ワークシートを基に作りたい場所のサインの色や形、必要な材料や用具、作り方について考える。 「文字の色は何色がいいかな。」 「場所の特徴を表す絵って…」 「吊り下げ式か、貼りつけ式か？」 「彫刻刀でどう彫ったらいいかな。」 「電動糸のこぎりでまわりを切ろう。」

公立小学校の題材実践

時間配分と学習計画	教師の指導内容《○指導と■評価》	投げかけの言葉や行動の具体例	子どもの活動《行動と思い》
プレゼンテーション（2時間）	○自分たちの考えた表現について友だちに伝えられるよう、プレゼンテーション用紙とワークシートを用意する。 ■自分たちの考えた表現についてわかりやすく発表しようとする。<関：行動観察・プレゼンテーション用紙> ○自分たちの表現をよりよいものにするために意見交流会を開く。 ■自分たちの思いや考えを伝え合い、色や形、表し方についてよさや美しさを感じ取る。<鑑：発表・ワークシート> ○交流会での意見に加えて、気づいたことを付箋に書き、後で伝えられるようにする。 ■友だちの考えに対して意見を述べたり、もらったアドバイスをもとに、自分たちの表現に見直すことはないか考えようとする。<関：行動観察>	「プレゼンテーションの準備をしよう。」 ・プレゼンテーション用紙にデザインとＰＲ内容をことばでまとめさせる。 「自分たちの考えた表現をみんなに伝えよう。」 ・教材提示装置を用いてプロジェクターで投影しながらプレゼンテーションを行う。 「表し方や作り方について見直しをしよう。」 ・友だちから聞いた意見や感想を基にデザイン案の再検討を行わせる。必要に応じて変更してもよいと伝える。	○プレゼンテーション用紙に構想を描き、発表準備をする。 ・相手にわかりやすい発表ができるようにしよう。 ・色・形・材料・用具・作り方は… ・発表順も決めておこう。 ○制作場所毎にプレゼンテーションを行い意見交流をする。 「みんなの考えたサインはどんなものだろう？」 「裏と表でデザインが変わるんだ。」 「色の組み合わせがきれい。」 「目立つような工夫がある。」 「形に特徴が出ているな。」 「文字がおもしろいな。」 「こうしたらもっとわかりやすくなるかも。」 ○意見交流を受けて製作への見直しをする。 「友だちからいい意見をもらった。」 「少し手直しをしたらもっといいものになりそう。」 「このままでいけそうかな。」
製作（8時間）	○必要に応じて材料や用具を用意したり、製作過程で個々に助言を行ったりする。 ■思いついた表現を実現するために必要な材料や用具を選び、これまでに習得した技能を駆使して表すことができる。<関：行動観察>	「みんなにわかりやすく楽しいサインをつくろう。」 ・計画を基に製作を開始。 ・使う材料や用具を選択して自分で手順を確認しながら作らせる。	○必要な材料や用具、技法を選び、自分の表現を追究する。 画面構成上の工夫 ・ことば…見やすさ、わかりやすさ（大きさ、太さ、文字数など） ・絵の工夫…場所の特徴を絵で ・配色…目立つ、イメージカラー ・記号、マークなど 表現上の工夫 ・プレートの形状…電動糸のこぎりを使って ・文字や絵を半立体的に…彫刻刀を使って

公立小学校の題材実践

時間配分と学習計画	教師の指導内容《○指導と■評価》	投げかけの言葉や行動の具体例	子どもの活動《行動と思い》
	○途中段階で表現がねらった通りのものになっているかどうか、また第三者から見てわかりやすいものになっているかどうか、見直しができるよう互いに意見交換する場を設ける。 ■自分たちの思いや考えを伝え合い、友だちの表現についてよさや美しさを感じ取り、共感的に意見を述べる。 ＜発：発表・行動観察＞	「できているところまで互いに見合って意見交流をしよう。」 ・計画通りに進んでいるか、修正することはないかなど、互いに見直しをさせながら意見や感想を述べる。 形や色、作り方、表し方など造形的な面から見てどうか。	○製作途中でグループ内で振り返りをしたり、作品を見合ったりする。 「計画通りに進んでいる。」 「形はねらった感じになった。」 「初めに考えたのと色を変えた方がいいかも。」
鑑賞（1時間）	○作品を設置し、その場所に相応しいものになっているかどうかを確かめ、自分たちの作品の出来映えを味わう場を設ける。 ■自分の思いや考えを基に、設置した環境の中で自分たちの作品のよさや美しさについて感じ取ろうとする。 ＜関：行動観察＞ ○友だちの表現のよさや美しさを感じ取り、感想を伝え合うことができるように鑑賞活動を行う。 ■友だちの表現についてよさや美しさを感じ取り、互いに感想を伝え合う。 ＜鑑：行動観察・ワークシート＞	「できあがった作品を取りつけてお互いに見合おう。」 ・自分の作品を取りつけに行き、自分の作品の様子を見て思ったことや友だちの作品を見て感じたことなどを自由に伝え合わせる。 形や色、表し方などの造形的な要素を中心に互いの作品の長所を探して	○できあがった作品をそれぞれの場所に設置して、互いの作品の働きやよさについて味わい、感想を伝え合う。 「場所のイメージが変わった。」 「以前より目立つようになった。」 「今までより楽しいものになった。」 「色や形の印象が強くなった。」
（補充）	○作品制作を振り返り、思ったことや感じたことをまとめる活動を通して今後の作品づくりに生かせるようにする。 ■生活に役立つ作品のよさを理解し、形や色に関心を持ち、今後の作品制作に生かそうとする。＜関：ワークシート＞	「生活の中で役立つものをつくることについて考えよう。」	○制作全般を振り返って、生活の中で役立つ作品づくりや、形や色によるコミュニケーションについて考える。

62

■ 授業のあとで

　2年間で旧来のサインプレートを一新し、新規のプレートも増設するという目標でスタートしたこの「田上っ子サインプロジェクト」では、1年目の6年生が全体の半数を入れ替え、2年目の次の6年生が残りを入れ替えてひとまず終了した。卒業制作の一環でもあり、学校で数年にわたって使用するという前提からある程度の耐用年数を見込んでいる。作品完成後、子どもたちにアンケートをとったものの中からいくつかを紹介すると・・・。

○今回の作品を作って心に残ったことは

- 取りつける前は細かくて色のセンスがよいものの方がきれいに見えたけど、いろんな場所のプレートを見ていると、形が変わっているものや字が大きいものなどの方が上手に見えました。目立つもののほうがいいなと思いました。
- 最初は形、色にとてもなやみました。だけど、危ない所を表すには目立つようにしないとだめだと思って、目立つ色をつけました。形は両方から走ってぶつかって、よくケガをしているのでどちらにも気をつけてほしいと思って、両方を表す矢印を考えました。こういうふうにいろんな工夫をすることで、相手に伝わりやすくなることを学びました。
- この看板で落とし物をする人が減ったらいいなと思います。
- 今まではプラゴミか燃えるゴミかで、入れるゴミ箱を迷っていたけど、看板で迷わないようになればいいなあと思います。
- 色の組み合わせや彫り方は迷ったけど、最後はうまく完成してよかったです。他のみんなの作品はデザインなどいろいろあって、それぞれちがっていたので、見るのが楽しかったです。
- 5年生の時に「こんな絵かけるわけないじゃん」と思いながら新しいプレートを見ていました。6年生になって作ってみたら無理なことじゃなかったと思えるような作品ができたのでうれしかったです。
- 最初どこの看板に決めるかで、目立たない屋上をちょっとでも人にわかるようにしたいという気持ちで作っていったら、思い通りのいい作品になってよかった（アンケートより抜粋）。

　また、人に何かを伝えたり、楽しませたりすることについてどう思うかという質問については、人に何かを伝えるのはなかなか大変だが、他の人が喜んでいるのを見ると自分もうれしくなるし、みんなが楽しくなっていいことだという感想が多かった。

■ 学力考

　この題材では、表現活動の際に形や色などの造形要素を常に意識させること、鑑賞活動の際に見た印象などを造形的な言語を用いて表すことを少しでも定着させていくことを目指した。取り組む前と比較すると、配色カードを使って色を決めたり、原色にはない中間色を求めて作ろうとしたりする姿が多く見られるようになった。何色を塗ればよいかという質問は次第に減り、この色に合う色はどんな色がありますかという質問に変わってきた。彫刻刀を用いた表現においても例えば文字のまわりを彫るのか、中を彫るのかで印象がかなり変わることから、自分で技法を選択する場面が見られるようになった。

　普段の授業の中では板書や説明の際に意図的に造形に関わることばを使用するようにしている。例えば、色の三属性については中学生で学習する内容だが、明度や彩度などの用語は使わなくても、明るいと暗い、派手と地味、合う組み合わせと合わない組み合わせなどの点からアプローチすれば、それを理解して自然に使いこなせるようになっている。彫刻刀を用いた表現では、版画とは違う刃の使い方や彫り方をきちんと教えることで、次第に自分のものとして体得していく姿が見られた。例え材料や用具が同じであっても、既習の内容を超えたモノに出会えば新たに意欲を持って取り組めることから、題材を設定する際には、単に素材の真新しさだけにとらわれず、教師が子どもに身につけさせたい資質や能力を明確に意識して指導を行うことが肝要であろう。同じ食材を用いても料理人が違えば、料理はおいしくもまずくもなる。教師が優れた料理人であるためには、素材の吟味はもちろん客である子どもたちの実態から、どのような調理法が適しているかをよく考えて、題材を提供しなければならないと思う。

学校のシンボル：銀杏

編著者　藤澤英昭／柴田和豊／佐々木達行／北川智久
執筆者　井田善之／小田美千代／川村稔子／小西裕一
　　　　佐藤幸江／寺田幸哉／福田満佐子／邑井吉治
　　　　吉田岳雄／和久田博子

新学習指導要領対応
図画工作でつく学力はこれだ！
−ひと目でわかる指導と実践のポイント−

平成22年11月10日　発行
共編著　藤澤英昭／柴田和豊／佐々木達行／北川智久
発　行　開隆堂出版株式会社
　　　　代表者　山岸忠雄
　　　　〒113-8608　東京都文京区向丘1-13-1
　　　　電話　03（5684）6117（編集）
　　　　http://www.kairyudo.co.jp
印　刷　株式会社　大熊整美堂

発　売　開隆館出版販売株式会社
　　　　〒113-8608　東京都文京区向丘1-13-1
　　　　電話　03（5684）6118（販売）

●本書を無断で複製することは著作権法違反となります。
●乱丁本、落丁本はお取り替え致します。
ISBN978-4-304-03079-6 C3037